Mulheres que se Apaixonam por Homens Comprometidos

130 Maneiras de Conquistá-los

Marcelo Puglia

Mulheres que se Apaixonam por Homens Comprometidos

130 Maneiras de Conquistá-los

MADRAS

© 2006, Madras Editora Ltda.

Editor:
Wagner Veneziani Costa

Produção e Diagramação:
Eight Point Comunicação Ltda.
R. Desembargador Guimarães, 119 – Perdizes – São Paulo/SP
Tel./fax: (11) 3865-5242

Produção da Capa:
Orlando M. Puglia

Foto do Autor:
Rodolfo Silva

Revisão:
Rita Sorrocha
Renato de Mello Medeiros

CIP-BRASIL. CATALOGAÇÃO-NA-FONTE
SINDICATO NACIONAL DOS EDITORES DE LIVROS, RJ.

P977m
Puglia, Marcelo, 1968-
Mulheres que se Apaixonam por Homens Comprometidos: 130 maneiras de conquistá-los/Marcelo Puglia. – São Paulo: Madras, 2006.
il.
ISBN 85-7374-555-X
1. Homens - Comportamento sexual. 2. Adultério. I. Título.

04-2008.		CDD 306.7
		CDU 392.6
02.08.04	05.08.04	007192

Proibida a reprodução total ou parcial desta obra, de qualquer forma ou por qualquer meio eletrônico, mecânico, inclusive por meio de processos xerográficos, incluindo ainda o uso da internet, sem a permissão expressa da Madras Editora, na pessoa de seu editor (Lei nº 9.610, de 19.2.98).

Todos os direitos desta edição reservados pela

MADRAS EDITORA LTDA.
Rua Paulo Gonçalves, 88 – Santana
CEP: 02403-020 – São Paulo/SP
Caixa Postal: 12299 – CEP: 02013-970 – SP
Tel.: (11) 6281-5555/6959-1127 – Fax: (11) 6959-3090
www.madras.com.br

Agradeço...

A meu pai, que sempre está por perto; a tia Stella, aos tios Gustavo e Elizabeth e a priminha Luli; a Ivonete, Caio e Letícia, meu anjinho.
A pessoas incríveis que conheci na Colômbia, Helena, Ana Isabel, Gloria, Ana Ximena *y todo el equipo*.
A pessoas boas de coração, como Heloisa Cury, uma pessoa incrível; Simone e sua alegria; Tê, que leu todos os meus livros; Angela, Sonia e Shirlei Perossi; a Alexandre da Web Crial, obrigado pelo site.
A Roberto, Gabriel, Ricardo *y toda la gente de El Tranvia*.
A turma do Claretiano, pelos encontros cheios de saudades; a Daniela, Mauro, Gisele, Paula, Lilica, Lavignia, Vivian, Gustavo, Ojeda, Zé e muitos mais.
Al pelado Lucca, *el nuevo miembro de la família* Puglia.
Ao futuro que está escrito, ao presente que vivo, ao passado sem arrependimentos.

Marcelo Puglia

Amantes

a você...
... que sofre sem ninguém saber,
que comemora um dia antes as datas importantes;

a você...
... que todas odeiam,
que todos condenam,
pelo simples fato de ter chegado depois;

a você...
... amante bandida,
de coração ferido,
e de mil esperanças;

a você...
... eterna destruidora de lares infelizes.

Índice

Prefácio 15

Capítulo 1

Por que Ser uma Amante? 19
    Amantes: vítimas ou culpadas? 19
    A destruidora de "lares infelizes" 20
    Sendo usada 20
    Tábua da salvação 21
    Promessas e mais promessas 22
    Horas de desespero 22
        12 motivos e datas que vão deixar você muito p... da vida 23
    Como saber se ele é casado 23
        Ele é casado se... 23
    Que tipo de amante você é? 25
        A Romântica apaixonada 25
        A Destruidora de lares 25
        A safada 26
        A conquistadora 27
        A azarada 27
        A interesseira 28

Capítulo 2

Pesquisa: a Amante Casada — a Amante Solteira 31
    Resultados: quem e como é a amante padrão 31
    Regras da pesquisa 31
    Perfil das mulheres entrevistadas casadas 32
    Perguntas formuladas a mulheres casadas 32
        Comentários sobre os resultados de cada pergunta 33
    Resultado da pesquisa em função das respostas — Construção da amante casada padrão 36
    Perfil das mulheres entrevistadas solteiras 37
    Perguntas formuladas a mulheres solteiras 37

Comentários sobre os resultados de cada pergunta 38
Resultado da pesquisa em função das respostas — Construção
da amante solteira padrão 40
10 "Casos" de mulheres que já foram amantes 41
    Débora e Maurício..41
    Arlete e Márcio..41
    Roberta e Alberto 42
    Luiza e Aquiles..42
    Nadia e Anderson 43
    Selma e Arturo...43
    Márcia e Fernando...43
    Francis e Gastão 44
    Kátia e Pedro 44
    Amanda e Rodrigo...45
Está na hora da esposa saber de tudo — 10 maneiras de
incriminar seu amante 46

Capítulo 3

Os Amantes e Seus Signos 47
O homem de Áries — 21 de março a 20 de abril 49
    Conquistando um homem de Áries.......................................49
    Características e cuidados..49
O homem de Touro — 21 de abril a 20 de maio 51
    Conquistando um homem de Touro......................................51
    Características e cuidados..51
O homem de Gêmeos — 21 de maio a 20 de junho 53
    Conquistando um homem de Gêmeos...................................53
    Características e cuidados..53
O homem de Câncer — 21 de junho a 21 de julho 55
    Conquistando um homem de Câncer....................................55
    Características e cuidados..55
O homem de Leão — 22 de julho a 22 de agosto 57
    Conquistando um homem de Leão 57
    Características e cuidados..57
O homem de Virgem — 23 de agosto a 22 de setembro...............59
    Conquistando um homem de Virgem 59
    Características e cuidados..59
O homem de Libra — 23 de setembro a 22 de outubro 61
    Conquistando um homem de Libra.......................................61
    Características e cuidados..61
O homem de Escorpião — 23 de outubro a 21 de novembro 63
    Conquistando um homem de Escorpião 63
    Características e cuidados..63

O homem de Sagitário — 22 de novembro a 21 de dezembro 65
   Conquistando um homem de Sagitário 65
   Características e cuidados 65
O homem de Capricórnio — 22 de dezembro a 20 de janeiro 67
   Conquistando um homem de Capricórnio 67
   Características e cuidados 67
O homem de Aquário — 21 de janeiro a 19 de fevereiro 69
   Conquistando um homem de Aquário 69
   Características e cuidados 69
O homem de Peixes — 20 de fevereiro a 20 de março 71
   Conquistando um homem de Peixes 71
   Características e cuidados 71

Capítulo 4

Tipos de Amantes 75
   O namorado 75
   O noivo 76
   O casado 77
   O rico 77
   O chefe ou patrão 78
   O colega de serviço 79
   O funcionário 80
   O vizinho 80
   O bom de cama 81
   O romântico carinhoso 82
   O esposo da sua amiga 82
   O esposo da sua parente 83
   O garotão 84
   10 coisas que você pode fazer, se a esposa pegá-la com o
      marido 85

Capítulo 5

130 Maneiras Inteligentes de Conquistar um Homem
   Comprometido 89
   Seduzindo um homem comprometido 90
   Sua rival não é sua inimiga (use os contrários) 93
   Maneiras de deixá-lo completamente apaixonado 95
      Lista de "te amo" e onde é usado 95
   Recebendo seu amante em casa 98
   20 presentes que ele vai adorar ou detestar 104
      Adorar 104
      Detestar 105
   20 dicas de sexo 106

Coisas que você não deverá fazer 110
　No bip 111
　No computador 111
　Cartas 112
Outras coisas que ele vai odiar 112
6 grandes motivos pelos quais ele vai ficar com você e não
　com ela 113

Capítulo 6

Simpatias para os Amantes 117
　Para se livrar de um amante 117
　Para seu/sua amante voltar para você 118
　Para recuperar amante perdido(a) para outra(o) 118
　Para esquecer um(a) amante 119
　Para não perder novamente um(a) amante 119
　Para não ser traído(a) por amante 120
　Para manter puro um amor clandestino 121
　Para ter um(a) amante para toda a vida 121
　Talismã dos amantes 122
　Para manter aceso o fogo do amor 123
　Para um amor secreto não ser descoberto 123
　Para se livrar de amante infiel 124
　Para reconquistar amante perdido 124
　Para separar o marido da amante 124
　Para que seu marido não procure outra 125
　Para a amante ver o amado sempre que desejar 126
　Para tomar de volta o marido da amante 126
　Para aumentar o fogo do amante 127
　Os sete pecados capitais 128

Capítulo 7

Especial para as Esposas: Como se Defender de uma Amante 131
　A sua grande arma 134
　Conhecendo o adversário 134
　10 coisas que você não deverá fazer com a "outra" 138
　10 coisas que você deverá fazer para ser melhor que "ela" 138
　Os sintomas do marido infiel 139

Capítulo 8

Especial para os Homens: Como Saber se Está Sendo Traído 143
　Regras da Pesquisa 143
　10 Virtudes de um Bom Marido 144
　10 Defeitos de um Mau Marido 145

Coisas a Fazer para Evitar a Traição 146
   Em primeiro lugar: Abra os olhos 146
30 Sintomas e Atitudes da Mulher Infiel 150
Como Transformar ums Supeita em Realidade 153

Capítulo 9

Frases de Cabeceira 157
   Matrimônio — homens — mulheres — amor — amantes —
     vida e felicidade 157
Como escolher sua frase do dia 157

Prefácio

Peço desculpas se ao escrever um livro para essas mulheres, que muitos consideram as destruidoras de lares, estou ferindo a sensibilidade de alguém.

Essas senhoras ou senhoritas também amam, sentem, sofrem e derramam lágrimas por seus amados.

Sempre incompreendidas, eternas vilãs, utilizam o pouco ou o muito que têm ao seu alcance para conquistar a felicidade.

Este livro é dedicado às mulheres que amam um homem, que o destino quis tivesse "outra".

Quem disse que amor de amante não é verdadeiro?

Lutar faz parte dos guerreiros, e as armas utilizadas para alcançar a vitória terão de ser as melhores, senão a derrota será inevitável.

Neste livro você encontrará todas as armas para vencer uma disputa, na qual o maior troféu é a felicidade,

A SUA FELICIDADE.

Por que Ser uma Amante?

CAPÍTULO 1

Por que Ser uma Amante?

"Muito mais difícil do que ser uma esposa é ser uma amante".

(E, para falar a verdade, mais difícil ainda é ser amante de um cara pobre, cheio de filhos e que você sabe que nunca vai se separar.)

A maioria das mulheres não procura estar nessa situação, apesar de existirem aquelas que preferem ser a "outra" (neste caso, o relacionamento geralmente tem como base o interesse financeiro e não o sentimental).

Imagino que você é o tipo de mulher que gostaria de ser assumida por seu amante; é para estas mulheres que este livro foi escrito...

... ou seja, para as "safadinhas" que roubam o marido das outras.

Amantes: vítimas ou culpadas?

Ser amante não a transforma em vítima ou culpada (transforma-a em safadinha mesmo. Brincadeira!!!). Você chegou a esse ponto (ou quem sabe queira chegar) movida por um sentimento: ama alguém ou, no mínimo, demonstra interesse por um homem que já tem outra pessoa na sua vida. Esse pequeno grande detalhe não a transforma no pior ser do universo (apenas em mais um deles).

A destruidora de "lares infelizes"

Está na hora de saber que as amantes não são as vilãs da história (não fique tão alegre, também não são as mocinhas) ou as destruidoras de lares felizes.

Quando o homem tem uma amante, está admitindo que seu casamento não andava bem; a "outra" pode destruir um lar, mas com certeza nunca um lar feliz.

O remorso,[1] apesar de existir, é uma palavra que terá de ser excluída do seu vocabulário se o que pretende é ser assumida algum dia.

A esposa não é sua inimiga nem rival, apenas teve a sorte de conhecer o amor da sua vida primeiro (só isso). Provavelmente dedicou ao marido seus melhores anos, deu-lhe e criou os filhos (tudo o que você sonhou). Já pensou que ela pode ser uma excelente mãe, e até uma boa pessoa? **Não, claro que você não pensou nisso.**

O fato de o marido a estar traindo não significa em absoluto que ele não preste, e muito menos quer dizer que você seja realmente o amor da vida dele.

Apesar de o seu amante não estar satisfeito no relacionamento que está levando com a esposa, às vezes é muito difícil (pelos motivos acima citados) terminar seu casamento e desmanchar seu lar.

Para que isso aconteça, você deverá ter todos os atributos e qualidades que a esposa possui, e terá de ser ainda superior em muitos aspectos, já que para trocar seis por meia dúzia, é preferível que ele fique em casa, mantendo seu casamento de aparências. A dor de cabeça é muito menor.

Sendo usada

Sofrer é uma das sinas das amantes. Se seu envolvimento está se tornando cada dia maior, e não tem dúvida de que o que sente é amor, tome cuidado; procure saber o que ele quer de você.

---

1. Remorso: sentimento de culpa originado por um ato...

Quando você romper a linha imaginária que separa a paixão do amor, deverá estar ciente do que seu amante quer e pretende fazer com o relacionamento.

(Assim, quando você quebrar a cabeça dele com uma panela, pois não se separou da esposa, deverá estar ciente de que jamais o fará.)

Ir em frente quando não lhe dão esperanças é uma dor que pode ser evitada.

Tente saber e não se iludir sobre quais são as motivações do seu amante, se está apenas preenchendo um espaço temporário, causado por uma crise conjugal passageira, ou se realmente esta será mais uma cruz na sua vida.

Tábua de salvação

Cuidado com o risco que toda amante corre de ser a tábua de salvação de casamentos em crise.

Nesses casos, os homens usam as amantes, tiram o que elas têm de melhor, mas no fim chegam à conclusão de que é a esposa a opção mais sensata.

Raramente os homens confessam isso; a maioria deles tem um medo inconsciente (ou consciente?) de assumir a amante, pois sabem que ela é capaz de ser a outra (coisa que sua esposa nunca seria?!?!).

Muitos homens acham que a amante é a vilã da história (mesmo estando com ela), e quase sempre optam por ficar com a mocinha: sua esposa.

Para ele, a infelicidade no seu relacionamento é preferível, muitas vezes, à insegurança que a amante lhe transmite pelo simples fato de estar se relacionando com ele.

Lembre-se: a certinha é a esposa que está em casa cuidando dos filhos, preparando o jantar, e que jamais teria um caso com um homem comprometido (isso é o que ele acha).

Apesar de ele poder morrer de paixão por você, a amante não deixa de ser a outra, a que sai com um homem casado e se sujeita a essa situação.

Na hora de decidir com quem vai ficar, por incrível que pareça, a balança pode se inclinar para o lado da esposa.

Promessas e mais promessas

Você deve saber que está se envolvendo com um homem casado, ou no mínimo comprometido, por livre e espontânea vontade; ninguém a está obrigando ou pressionando.

Partindo dessa premissa, a de que aceitou relacionar-se com seu amante com todas as vantagens e desvantagens que esta situação possa lhe proporcionar, está consciente de que não pode cobrar nada dele, muito menos que a assuma.

Não acredite em promessas; a maioria dos homens jura às amantes que não ama a parceira (com certeza eles não leram *Tudo o que você queria saber sobre uma amante e tinha medo de perguntar*, meu primeiro livro sobre o assunto, dedicado aos maridos infiéis). Em algum momento do relacionamento vem aquele velho papo de que vai se separar e ficar com você.

Se acreditar nessa ladainha (é porque ainda não sabe que Papais Noéis são os pais, ou que o monstro do armário é pura lenda) e basear o relacionamento na esperança das promessas que um dia ele lhe fez, é bem provável que seja a mais infeliz das amantes.

Deve-se curtir o relacionamento sem estresse e dores de cabeça (procure um homem solteiro, bonito, rico e louco por você). Não fique pensando constantemente quando "ele" será seu; isso acontecerá naturalmente, se souber conduzir a situação, seguindo as dicas dadas nos próximos capítulos, pode demorar um mês, dois, um ano, duas décadas, a vida inteira. Você pode até morrer, e ele não se separou, mas fique tranqüila, no fim ele sempre dirá: "Vou me separar, não agüento mais aquela jararaca".

Horas de desespero

Claro que não é fácil ser a outra. A seguir são descritos alguns motivos que podem deixar você muito brava e que, com certeza, a farão pensar: será que vale a pena continuar com tudo isso?

Com certeza, em algum momento do seu relacionamento, alguns dos pontos abaixo relacionados acontecerão; esteja preparada, o que não significa literalmente estar armada (apesar de que essa seria sua vontade).

12 motivos e datas que vão deixar você muito p... da vida

1 — Ele não ligar nos finais de semana.
2 — Ele sair de férias com toda a família.
3 — Natal e réveillon.
4 — O aniversário dele.
5 — Saber que ele está doente e não poder ir visitá-lo.
6 — Ele exigir sua fidelidade.
7 — Querer que os encontros sejam quando ele pode.
8 — Ele brigou com a esposa e desabafa ou descarrega em você.
9 — A esposa está grávida.
10 — No encontro ele fica o tempo todo olhando o relógio.
11 — A esposa liga no celular e ele a trata de amor, anjo, carinho.
12 — Ele não pode ir ao encontro porque um dos meninos ficou doente.

Conte-me: isso já não aconteceu com você? Claro que já! Se você tivesse uma metralhadora, seu amante pareceria um coador, não é verdade? Aquela história de olhar o relógio o tempo todo, dá vontade de enforcar. E quando a outra fica grávida, é você que sofre por nove meses.

Engraçado que para você a esposa dele é "A OUTRA"; é engraçado só para você.

Como saber se ele é casado

Muitas vezes você está diante daquele homem que chama fortemente sua atenção; ele é lindo, simpático, enfim, tudo o que você queria, mas a dúvida paira no ar: será que ele tem outra? Será que namora? Ou pior: será que é casado?

A seguir, algumas dicas que dirão ou não se esse homem é comprometido:

Ele é casado se...

✓ estiver usando aliança na mão esquerda;
✓ tiver marca de aliança na mão esquerda;

- ✓ se não tiver aliança ou marca, mas for casado assim mesmo;
- ✓ se às 20 horas ele comentar: tenho de ir, amanhã tenho de acordar cedo;
- ✓ se desligar o celular sempre que estiver ao seu lado;
- ✓ se diz que não tem telefone em casa e dá apenas o número do celular;
- ✓ se tiver de passar na farmácia e comprar um pacote de fraldas (casado e com filho);
- ✓ se quando você fala em casamento, ele fica vermelho;
- ✓ se o encontro nunca é na casa dele;
- ✓ se você nunca conhecer a sua família;
- ✓ se é impossível achá-lo no fim de semana;
- ✓ se nos feriados nunca fica com você;
- ✓ se nas férias diz que vai viajar com os amigos e nunca a leva;
- ✓ se dia você o encontrar no *shopping* com aquela aliança que não usa quando está com você;
- ✓ se um dia você o encontrar no *shopping* com aquela aliança que não usa quando está com você, de mãos dadas com uma mulher com aliança igualzinha a dele;
- ✓ se topar com ele na porta do banheiro feminino, com uma criança no colo que insiste em chamá-lo de pai.

Que tipo de amante você é?

Existem vários tipos de amantes. Na relação abaixo, mencionamos algumas delas, para que tente se identificar com aquela que, por suas atitudes e características, mais se assemelha com você.

- A romântica apaixonada
- A destruidora de lares
- A safada
- A conquistadora
- A interesseira
- A azarada

A romântica apaixonada

Você literalmente "caiu de quatro" por aquele homem casado. Lamenta o fato, mas vai em frente. Quando existe amor, nada é proibido. É a famosa frase "me engana que eu gosto".

Sonha e fala dele como se fosse uma colegial curtindo seu primeiro amor; provavelmente acha que nunca amou tanto na vida.

Costuma fazer todos seus gostos, e ao mesmo tempo é uma das amantes que mais sofre.

Os finais de semana são intermináveis.

Estas amantes são ciumentas e possessivas. Para os homens, pelo menos um motivo para ficarem alegres: são loucamente apaixonadas por eles.

Se você se identificar com a "romântica apaixonada", saberá quantos cartões, bilhetinhos e outras coisinhas já deu para ele (dar em todos os sentidos mesmo) em nome do amor, assim como deve saber que raramente essas atenções e mimos chegaram em casa.

A destruidora de lares

Tomara que você não se identifique com ela. Esta sim é a bruxa má, a vilã do filme. Esta é a amante sobre a qual os homens comentam assim: "então estava saindo com uma filha da p... que quase acabou com meu casamento".

Ela não necessariamente vai fazer de tudo apenas para ficar com seu amante; o objetivo é separá-lo da sua pior rival.

Para este tipo de mulher, ficar com o marido de outra é uma questão de honra.

Se no começo queria ficar com ele por motivos sentimentais, no final poderão ser apenas pessoais ou até uma inexplicável teimosia, o que a leve a destruir o casamento.

É o tipo de amante que não poupa ninguém, desde a mulher até os filhos, e não tem problemas em causar escândalos ou baixarias.

Vencer a disputa com a esposa tem um sabor especial; não é apenas um desafio, é uma missão.

Será que você se encaixa nesta categoria? Se a resposta for sim, com certeza não é feliz.

Agora se você conhece alguém que se encaixa nesta categoria, informe o telefone da dita cuja, pois com certeza milhares de esposas gostariam de fazer um ensopado de amantes.

A safada

É aquela amante que, mesmo sabendo que ele é casado, continua insistindo, usando todas as artimanhas possíveis para conquistá-lo.

Esse tipo de amante, se é que você se identifica, não costuma se apaixonar. A atração física é superior à sentimental.

Conseguir levar o homem para a cama é muitas vezes o prêmio desejado.

Na hora de seduzir, não mede esforços para conseguir o que quer. É inescrupulosa, submetendo-se a qualquer situação. Não poupa o marido nem da sua melhor amiga; quando surge a atração, salve-se quem puder!

É amante por pouco tempo, já que perde o interesse por ele assim que conquista seu objetivo. O interesse neste caso se baseia no sexo (ser bom de cama) e naquilo que ela pode obter materialmente. Apesar de não se parecer com um peixe, muitas pessoas a comparam com uma piranha.

A conquistadora

Esta amante tem um pouquinho de todas. Usa todas as armas disponíveis para conquistar seu homem.

Nem sempre os métodos empregados na sedução são honestos. Costuma representar para ter o homem que quer em suas mãos (ou cama).

É a amante mais inteligente: sabe o que deseja e consegue geralmente o que planeja.

Estuda cada passo que dá, e os mínimos detalhes não lhe escapam no momento da conquista.

Não tem a intenção de acabar com nenhum lar ou relacionamento, pois o que pretende é conquistar o alvo do seu interesse. Para ela, é indiferente ele amar ou não a esposa, ser ou não feliz.

É o carneirinho disfarçado na pele de lobo. Geralmente é uma mulher linda, sedutora e com muita personalidade, que sabe exatamente o que quer.

A azarada

Esse tipo de amante é de dar pena: sempre se apaixona pelo homem errado (sai pra lá jacaré!).

Não procura homens casados, mas sempre acaba se envolvendo com um. Por causa do seu "azar", esse tipo de amante tem uma vasta experiência, o que faz com que saiba como tratar, cuidar e amar seu amante.

Está acostumada a ser a outra, e depois de tanto tempo acha que essa situação é normal.

Há até aquelas que preferem se relacionar apenas com homens comprometidos; é a sina que Deus lhes deu: ser a outra.

É carinhosa e trata seu amante como se fosse namorado ou marido. Em geral é muito carente, o que a torna mais dependente.

Não chora, não faz escândalo, é totalmente passiva, o tempo que seu amante lhe dedicar é lucro...

... enfim, é uma idiota.

A interesseira

O dinheiro é o motivo principal (até único) para esta mulher relacionar-se com seu amante.

Não pretende destruir nenhum casamento e muito menos tem interesse em ficar ou assumir um relacionamento (quer mesmo é assumir a conta bancária do bobão).

Gosta do papel que exerce, e tem certeza absoluta de que, ser a outra, é muito mais vantajoso do que ser a titular.

Não se apaixona, mas se entrega por inteiro. Sabe que ganhará presentes ou agrados à medida que fizer seu amante feliz.

Costuma ser ótima na cama, criativa e liberal, e exerce constantemente o papel de amante ideal, pois é excelente atriz.

Muitas vezes ele sabe que tudo não passa de um jogo de interesses, mais deixa isso de lado, apenas pelo prazer de estarem juntos.

É muito vaidosa, sempre usa roupas de grifes, faz ginástica e logicamente é linda (que homem daria dinheiro para uma amante chata, feia e ruim de cama?).

O caso pode acabar a qualquer momento, já que não há sentimentos que a prendam a ele; basta aparecer outra mais jovem, mais sedutora ou só por ser outra disposta a cumprir o papel, mas a interesseira sabe bem disso e não sofre de verdade.

Qual a diferença entre esta mocinha e uma prostituta? Nenhuma, ou, perdão, uma: a prostituta não mente que está apaixonada.

PESQUISA

Construindo a Amante Padrão

Capítulo 2

Pesquisa

A Amante Casada — a Amante Solteira

Resultados: quem e como é a amante padrão

Na pesquisa foram entrevistadas 750 mulheres. Elas ficaram expostas, contando detalhes íntimos da sua vida, falando abertamente de traição, sexo e relacionamento.

(Como forma de agradecimento, no final do livro você encontrará o nome de todas elas, com endereço, telefone e e-mail para contato).

Com certeza, elas adorarão esta singela homenagem que lhes presto.

Regras da pesquisa

Entrevistou-se mulheres na faixa etária compreendida entre 18 e 65 anos. A metodologia aplicada consistiu em apenas uma escolha por pergunta. Desconsiderou-se as pesquisas cujas perguntas não foram respondidas na sua totalidade, e aquelas pessoas que declararam ser fiéis, sendo que a amostragem compreendeu o período de janeiro a outubro de 2002, na cidade de São Paulo, com aplicação de 750 questionários.

Perfil das mulheres entrevistadas casadas

✓ Estudantes 13%
✓ Donas-de-casa 42%
✓ Profissionais Liberais 23%
✓ Autônomas ou Donas do Próprio Negócio 15%
✓ Desempregadas ou Fazendo Serviços Esporádicos 7%

Perguntas formuladas a mulheres casadas*

1 — POR QUE VOCÊ É OU JÁ FOI INFIEL?
Meu marido não me dava carinho — 34%
Meu marido era ruim de cama — 11%
Apaixonei-me por outro — 26%
Estava cansada da rotina — 16%
Meu marido estava me traindo — 13%

2 — QUANTAS VEZES TRAIU SEU MARIDO NO ÚLTIMO ANO?
Uma vez — 57%
Duas vezes — 23%
Três vezes — 7%
Quatro vezes — 3%
Cinco ou mais vezes — 10%

3 — QUANDO TRAI, COMO VOCÊ SE SENTE?
Feliz — 9%
Triste — 28%
Com culpa — 41%
Indiferente — 19%
Uma vadia — 3%

---

* *mulheres casadas: pessoas com parceiros fixos e morando juntos.*

4 — ACABARIA SEU CASAMENTO PARA FICAR COM SEU AMANTE?
Sim — 33%
Não — 13%
Não sei — 29%
Se sentisse firmeza da parte dele — 25%

5 — SEU AMANTE A FAZ MAIS FELIZ EM QUE ASPECTO?
Sexual — 23%
Sentimental — 65%
Econômico — 12%

6 — SEU AMANTE É MELHOR DE CAMA QUE SEU MARIDO?
Igual — 37%
Muito superior — 62%
Inferior — 1%

7 — QUAL A DIFERENÇA DE IDADE ENTRE SEU AMANTE E SEU MARIDO?
Têm a mesma idade — 59%
Meu amante é mais jovem — 21%
Meu amante é mais velho — 20%

Comentários sobre os resultados de cada pergunta

1 — POR QUE VOCÊ É OU JÁ FOI INFIEL?

O fator cama (sexo), que sempre pensamos fosse a causa mais comum de traição, não se confirma tendo como base os resultados desta pesquisa. O fato de o marido ser ruim de cama entra como 5ª e última causa da infidelidade, com apenas 11% dos votos.

A mulher não trai necessariamente porque seu parceiro não a faz feliz sexualmente, e sim por problemas no relacionamento do casal (falta de carinho, por exemplo, com 34% das respostas).

Um dado interessante que aparece na pesquisa é o fato de trair, pelo simples motivo de ter se apaixonado por outro (não importando neste caso o quanto era ou não feliz no seu casamento).

Com certeza, a rotina é um motivo pelo menos aceitável (16% das mulheres entrevistadas citaram esta resposta).

A vingança ou desforra pela traição do parceiro é motivo de 13% da infidelidade delas.

2 — QUANTAS VEZES TRAIU SEU MARIDO NO ÚLTIMO ANO?

57% das mulheres traíram o marido ou parceiro apenas uma vez no último ano.

10% das entrevistadas traíram seu parceiro mais de 5 vezes. Isso quer dizer que procuram qualidade e não quantidade. Esse número, 57%, deve-se principalmente a 3 fatores:

a — que encontraram o amante ideal e não tiveram necessidade de continuar procurando;

b — que traíram seu parceiro, não gostaram e resolveram parar por aí (pode ter sentido remorso ou percebeu que não ia ser nos braços de outro que encontraria a felicidade);

c — trair o marido significou a solução para os problemas que o casal vinha enfrentando. Neste caso, o amante foi usado como tábua de salvação de um relacionamento em crise.

3 — QUANDO TRAI, COMO VOCÊ SE SENTE?

Apesar de serem infiéis, quase metade das mulheres entrevistadas sente remorso.

O segundo sentimento despertado nelas é o de tristeza (estamos falando de tristeza por estar traindo seu parceiro e não pela relação com seu amante).

Quase 1/5 das entrevistadas disse se sentir indiferente.

Felizes, apenas 9% (com certeza são as que vivem um casamento péssimo).

Mesmo sendo amantes e traindo seus maridos, somente 3% se acham vadias.

4 — ACABARIA SEU CASAMENTO PARA FICAR COM SEU AMANTE?

O caso com o amante é mais sério do que parece, isso se levarmos em conta que 1/3 das entrevistadas largaria seu parceiro para ficar com ele.

Existe dúvida, já que 29% não sabem se tomariam tal atitude.

Para 1/4 das entrevistadas tudo depende do amante, de como se comporta, age, pensa e principalmente como a trata.

13% das mulheres jamais deixariam seu marido por causa do outro. A pergunta é: por que esta mulher está sendo infiel se não pensa em largar o marido? Várias são as possíveis respostas:

a — está passando por uma crise, e o amante é passageiro;

b — o marido lhe dá o conforto econômico que o outro não pode lhe oferecer;

c — não vale a pena desmanchar um casamento de vários anos, com filhos, dividir bens, etc.;

d — apesar de estar traindo seu marido, ele é um excelente pai, amigo, etc. (neste caso, o amante a faz extremamente feliz na cama, mas não é o suficiente como para acabar com seu matrimônio);

e — a diferença de idade entre o marido e o amante a deixa totalmente insegura.

5 — SEU AMANTE A FAZ MAIS FELIZ EM QUE ASPECTO?

Os amantes fazem felizes essas mulheres na área em que os maridos não estão conseguindo (não é na cama), na parte sentimental.

Provavelmente o marido não tenha mais tempo para escutá-la, fazer carinhos, dizer o que sente. 65% das mulheres entrevistadas, que estavam traindo, responderam que seus amantes as fazem felizes nessa área.

O sexo, que sempre se pensou fosse o fator preponderante numa relação de infidelidade, nesta pesquisa teve apenas 23% das respostas.

Claro que ainda existem as interesseiras (12%), as que são infiéis por motivos econômicos, jóias, presentes, etc. (apesar de que, sendo casada, é difícil esconder tantos agrados).

6 — SEU AMANTE É MELHOR DE CAMA QUE SEU MARIDO?

Uma das respostas mais lógicas e previsíveis da pesquisa: é claro que o amante será melhor de cama que o marido, 62%. Teria razão de existir se não o fosse?

37% dos amantes são considerados pelas mulheres no mesmo patamar que seus parceiros no âmbito sexual (nesse caso, os motivos para ter um amante estão no plano sentimental ou quem sabe econômico).

Apenas 1% acha seu amante pior de cama que seu marido. Sem comentários.

7 — QUAL A DIFERENÇA DE IDADE ENTRE SEU AMANTE E SEU MARIDO?

59% das mulheres que traem têm amantes com idade igual ou similar à do seu parceiro. Isto quer dizer que não são apenas as fantasias os motivos da traição da mulher, e sim outros aspectos, alguns deles abordados nesta pesquisa.

A igualdade de idade entre os amantes mais novos e velhos, 21% e 20%, mostra claramente que esse não é o fator determinante para a infidelidade da mulher.

Resultado da pesquisa em função das respostas

Construção da amante casada padrão

> A mulher casada traiu seu esposo pelo menos uma vez no último ano; o motivo: a falta de carinho que este lhe proporcionava.
>
> Apesar da sua infidelidade, o sentimento que fica é o de remorso, mas ao mesmo tempo acabaria com seu casamento para ficar com seu amante.
>
> O amante tem praticamente a mesma idade do marido e economicamente se equiparam; agora na cama, é muito superior, fazendo-a feliz tanto nesse aspecto como no sentimental.

Perfil das mulheres entrevistadas solteiras

✓ Estudantes 27%
✓ Donas-de-casa 18%
✓ Profissionais Liberais 33%
✓ Autônomas ou Donas do Próprio Negócio 11%
✓ Desempregadas ou Fazendo Serviços Esporádicos 11%

Perguntas formuladas a mulheres solteiras

1 — HÁ QUANTO TEMPO VOCÊ É A OUTRA?
   Menos de 1 ano — 44%
   Mais de um ano e menos de 5 — 39%
   Mais de 5 anos — 11%
   Mais de 10 anos — 6%

2 — VOCÊ É FELIZ SENDO A OUTRA?
   Sim — 15%
   Não — 72%
   Indiferente — 13%

3 — VOCÊ ACREDITA QUE ELE VAI DEIXAR A ESPOSA?
   Sim — 89%
   Não — 3%
   Não me interessa que ele se separe — 8%

4 — POR QUE SEU AMANTE ESTÁ COM VOCÊ?
   Não é feliz sexualmente — 24%
   Não é feliz em nenhum aspecto — 19%
   Não ama a esposa — 43%
   Ama as duas — 14%

5 — SEU AMANTE A FAZ MAIS FELIZ EM QUE ASPECTO?
   Sexual — 21%
   Sentimental — 51%

Econômico — 28%

6 — VOCÊ CASARIA COM ELE?

Sim — 81%
Não — 14%
Quem sabe — 5%

7 — VOCÊ JÁ TRAIU SEU AMANTE?

Sim — 31%
Não — 69%

8 — VOCÊ É MAIS NOVA DO QUE A ESPOSA DELE?

Menos de 10 anos — 35%
Mais de 10 anos e menos de 20 — 28%
Mais de 20 anos — 15%
Ela é mais jovem do que eu — 22%

Comentários sobre os resultados de cada pergunta

1 — HÁ QUANTO TEMPO VOCÊ É A OUTRA?

A grande maioria das mulheres entrevistadas (44%) é a outra há menos de um ano, assim como a minoria (6%) o é há mais de 10. Com base nesses resultados, deduzimos que poucas mulheres agüentam ser a outra por muito tempo.

Quase 39% das mulheres solteiras têm o caso há mais de um ano, mas o número cai vertiginosamente quando superam os 5 anos (11%).

2 — VOCÊ É FELIZ SENDO A OUTRA?

Por estarmos tratando de mulheres solteiras, é esperado que a resposta a esta pergunta seja Não. A solteira não gosta de ser a outra, por um motivo simples: não precisa. Existem milhões de homens solteiros, disponíveis e dispostos a lhe dar o carinho de que precisa. Ela se sujeita a esta situação porque quer e não por obrigação.

Existem sim algumas (15%) que gostam de ser a outra; estas provavelmente estão ligadas ao seu amante apenas pelo fator econômico.

As indiferentes, que são minoria, provavelmente não estejam nem aí com nada, nem com sua própria vida.

3 — VOCÊ ACREDITA QUE ELE VAI DEIXAR A ESPOSA?

O número de mulheres que acreditam cegamente que vai deixar a esposa, chega a 89%. Mesmo que isso nunca aconteça, a amante tem de ter essa esperança para poder continuar com seu caso. Isso é o que a deixa viva, a motiva, na verdade é seu objetivo.

Algumas acham que seu amante nunca vai deixar a esposa; são as conformadas ou conscientes da situação.

Apenas 8% não têm interesse na separação dele (o que é ótimo para o homem casado).

4 — POR QUE SEU AMANTE ESTÁ COM VOCÊ?

43%, quase a metade, acham que ele não ama a sua esposa. Esse é um dos motivos que o amante sempre deixa claro para a outra, mas nem sempre é o que realmente pensa ou sente.

Se for necessária uma mentira para conquistar ou manter uma amante é esta: não amo minha mulher.

O fator sexo, sim: é importante para o homem casado ter uma amante, e 24% delas acharam que esse é o motivo principal para estarem juntos.

Muitas das mulheres solteiras entrevistadas pensam que o seu amante não é feliz em nenhum aspecto (19%), e, por incrível que pareça, 14% têm certeza de que ele ama as duas (mesmo assim, se sujeitam a ser amantes; são aquelas que se encaixam nos 6% das mulheres que têm um caso com seu amante há mais de 10 anos).

5 — SEU AMANTE A FAZ MAIS FELIZ EM QUE ASPECTO?

Ocorreu nesta resposta uma diferença em relação às respostas da mulher casada. Aqui o fator sentimento também é primordial: 51% das mulheres solteiras entrevistadas se sentem felizes pelo que seus amantes lhes proporcionam no campo sentimental, até aí normal.

O fator diferencial entre as duas pesquisas (solteiras e casadas) é que 28% das amantes solteiras são felizes pela parte econômica que o relacionamento lhe proporciona (resumindo, estão com seu amante por interesse).

O sexo, que para as mulheres casadas era o segundo motivo de felicidade, fica para as solteiras em último lugar.

6 — VOCÊ CASARIA COM ELE?

A grande maioria casaria com seu amante. 81% estão esperando que ele largue a outra, dispostas a fazer tudo o que este livro lhes ensinar para consegui-lo.

Existem as indecisas de sempre, e até aquelas que nunca casariam (a maioria das mulheres que citarem os motivos exclusivamente financeiros).

7 — VOCÊ JÁ TRAIU SEU AMANTE?

Apesar de a mulher solteira ter total liberdade para estar com quem quiser, e quando quiser, inclusive assumir um relacionamento de igual para igual (com outra pessoa solteira), 31% das entrevistadas confessaram que já traíram seu amante (se é que se pode chamar de traição).

8 — VOCÊ É MAIS NOVA DO QUE A ESPOSA DELE ?

A maioria das solteiras é mais nova que as esposas de seus amantes (provavelmente ele procura nova vida, juventude, corpo em forma, etc.).

Um fato curioso é que 22% destas mulheres são mais velhas que a concorrente (o fetiche, a maturidade, a experiência em todos os aspectos, desde o sentimental até o sexual, são fatores preponderantes para essa escolha).

Resultado da pesquisa em função das respostas

> **Construção da amante solteira padrão**
>
> A amante solteira é mais jovem que a esposa dele (até 10 anos menos), está saindo a menos de 1 ano, não está feliz sendo a outra e acha que o seu amante a procura porque não ama sua esposa.

É feliz sentimentalmente, não o trai, e com certeza casaria com ele, se fosse possível.

10 "Casos" de mulheres que já foram amantes

A seguir, depoimentos de quem já foi a(o) outra(o) na vida de alguma pessoa. Os nomes foram trocados, mas as situações são reais.

Com certeza você poderá se identificar com algum dos casos; o importante é que saiba que não está sozinha, e que ser a outra é mais normal do que possa imaginar, embora não seja a melhor das situações.

Débora & Maurício

Débora foi casada durante seis anos e nos três últimos teve um amante fixo, também casado. Foi relativamente fácil manter esse relacionamento duplo, enquanto ambos estavam com seus respectivos parceiros. Os problemas começaram quando Débora se separou e seu amante Maurício continuou casado.

"Era horrível, quando chegavam os finais de semana: eu queria sumir", conta ela; saber que a pessoa que amava estava dormindo com outra, mesmo sendo a esposa, era doloroso. "Alguns dias na semana ele me visitava, falávamos ao telefone freqüentemente, só que na sexta-feira, Maurício fazia sua vida e eu não, já que a minha se resumia a ele."

"Foram quase dez meses, até que ele também resolveu separar-se. Quando isso aconteceu já era tarde demais, eu tinha perdido o tesão pelo relacionamento e acabei ficando com outra pessoa. Depois de um namoro fracassado tentei voltar com Maurício, mas já não era a mesma coisa. Até hoje o sentimento que nos une é especial, mas não acredito que um dia fiquemos juntos."

Arlete & Márcio

Arlete estava passando por uma fase saudosista e sonhava há vários dias com seu primeiro namorado, aquele de 15 anos atrás, quando ela tinha 12. Levada pela curiosidade conseguiu, por meio de um amigo, o telefone de Márcio e ligou para ele.

O que ela esperava ouvir infelizmente aconteceu: Márcio estava casado e com uma linda filha de 4 anos. Mesmo assim, seguiu sua intuição e resolveram se encontrar. Foi amor à segunda vista, a afinidade foi total.

Já no primeiro encontro rolou um beijo, e no terceiro, cama. O romance foi precedido de muitos *e-mails*, telefonemas e declarações explícitas de amor. Já no primeiro final de semana que ele não ligou, Arlete, que já havia namorado um homem casado, sentiu novamente a mesma sensação: a de ser apenas a outra. Quando ele teve uma crise de ciúme, porque uma noite ela não atendeu o celular, Arlete pensou se realmente valia a pena sofrer por um homem casado, afinal de contas ele a traía toda noite com a esposa. Quando os encontros se transformaram em duas horas corridas de sexo, Arlete deu um basta e procurou um amor, só para ela. Até hoje Márcio continua casado.

Roberta & Alberto

Roberta conheceu Alberto numa badaladíssima casa noturna. Ele, que disse ser divorciado, atraiu-a e conquistou-a rapidamente. Foram duas semanas de sonhos, relembra Roberta, tudo isso até que a esposa chegou da Europa, aonde tinha ido participar de um congresso. Quando descobriu a condição do seu príncipe quis morrer, mais era tarde demais para voltar atrás, estava totalmente apaixonada.

Continuou relacionando-se com Alberto durante um ano e meio. As promessas de separação eram constantes, e até uma vez ele saiu de casa com mala e tudo, mas sempre acabava voltando. A esposa descobriu e conversou calmamente com ela, dando-lhe a certeza de que Alberto jamais iria se separar, que ela não era a primeira nem seria a última amante. Roberta não acreditou e foi em frente. Nos últimos meses, Alberto estava frio, desligado de tudo. "Dois meses após a gente ter acabado, fiquei sabendo que ele já tinha outra; realmente a esposa estava certa."

Luiza & Aquiles

Luiza conheceu Aquiles no serviço, ele era seu chefe. Ela tinha 23 anos; ele, 45, casado, pai de dois filhos, médico muito bem-sucedido. "Foi paixão", conta Luiza, com um tom de certa tristeza, "Se fosse amor, a gente estaria junto". O caso durou exatos três meses, tempo suficiente para Luiza se apaixonar loucamente e ser mandada embora da clínica. Hoje, analisando tudo de forma mais fria, Luiza acha que o caso nunca iria dar certo. "Eu fui apenas uma fantasia, uma pessoa que apareceu na sua vida para lhe fazer lembrar que estava vivo, que ainda conseguia seduzir, mas que nunca assumiria o lugar da sua experiente e regrada esposa." A elevação da auto-estima de Aquiles lhe valeu um emprego e um coração machucado.

Nadia & Anderson

Divorciada com 42 anos, Nadia nunca pensou que pudesse se apaixonar por um homem casado e muito menos que ele tivesse dez anos a menos. Anderson, por sua vez, demonstrou ser um rapaz muito carinhoso, amigo e compreensivo, tudo o que seu ex-marido não era. Nadia conta que o sexo era o ponto máximo do relacionamento, "nunca fui tão feliz nesse aspecto; com ele descobri realmente o prazer de fazer amor", e continua, "o fetiche de estar com uma mulher mais velha também deve ter colaborado para que o relacionamento desse certo. A esposa de Anderson era vinte anos mais nova do que eu, e com certeza eu tinha o que ela um dia vai ter: experiência. Nosso caso acabou quando estávamos pensando realmente em ficar juntos e a esposa de Anderson ficou grávida. Foi o fim, eu não consegui superar e antes que ele me dissesse que estaria tudo acabado, pois ficaria cuidando da sua mulher e filha, optei pôr um ponto final. A filha nasceu, e eles vivem felizes. Preferi não interferir mais na vida do casal, e me afastei; mesmo ele insistindo para voltarmos, decidi que não queria ser a outra por mais tempo".

Selma & Arturo

Selma foi amante de Arturo por mais de doze anos. Nesse tempo de relacionamento, tiveram dois filhos, mas Arturo nunca se separou da sua esposa, mantendo dois lares paralelos.

A mulher de Arturo descobriu o caso do marido no terceiro ano, quando já tinha nascido o primeiro filho do marido, dessa relação extraconjugal. Optou por continuar casada e aceitar que o esposo tivesse outra. Para Selma, Arturo não é seu amante, é seu marido; falam-se todos os dias, e ele visita as crianças pelo menos três vezes por semana. Selma não exigiu em nenhum momento sua separação, ao contrário; "é mais fácil conviver assim, sentimos saudades um do outro e o relacionamento não cai na monotonia", afirma com ares de resolvida.

Márcia & Fernando

Márcia descobriu que Fernando era casado um mês depois de o relacionamento ter acabado. Segundo ela, o choque foi igual ou maior que se descobrisse durante o "namoro". Apesar de ele quase nunca dormir em sua casa e os finais de semana raramente estarem juntos, Márcia nunca desconfiou da condição matrimonial dele. Quando tentava cobrar alguma coisa, ele dizia que tinha muito trabalho e que não dormia fora de casa porque morava junto com a mãe, que era muito doente. "Apesar de tudo, Fernando foi muito carinhoso e atencioso; na cama, um ótimo amante, nada que pudesse evidenciar uma vida dupla." A descoberta aconteceu como num capítulo de novela: foi num *shopping* que Márcia encontrou com Fernando e sua família a tiracolo, esposa e três lindos filhos que deviam variar dos 8 aos 3 anos. "Quando ele me viu, ficou branco, desviou o olhar e desapareceu", conta Márcia. "No outro dia me ligou e explicou tudo. Eu me senti traída e ao mesmo tempo a amante. A partir de agora só namoro homens que me apresentem à família bem rapidinho, nessa não caio mais", diz Márcia decidida.

Francis & Gastão

"Descobri que meu namorado já tinha namorada quase que por acaso. A gente estava superbem e na sexta-feira, dia em que íamos ficar juntos, Gastão me ligou para cancelar, porque tinha um aniversário. Por coincidência fomos à mesma festa, eu com minhas amigas e ele com a sua namorada. Nunca fui de fazer escândalos ou dar baixarias, fiquei na festa, ele é que foi embora.

No outro dia, explicou-me que namoravam há muito tempo, quase dois anos (eu estava com ele há três meses), e que eram noivos, com casamento marcado e tudo. Eu gostava tanto de Gastão que me sujeitei a ficar com ele por mais um tempo, na esperança de que conseguiria tirá-lo da namorada. Não consegui, e pior, passei a ser a amante oficial. Foram três meses de sofrimento e humilhação. Ele aproveitou o fato de eu aceitar ser a outra e fiquei em suas mãos; os encontros eram nos dias e horas que ele queria, não podia telefonar nem ser vista em público. Sofri, mas aprendi a nunca mais ser a outra."

Kátia & Pedro

Kátia tem 15 anos e se apaixonou por Pedro, que tem 33. A diferença de idade, que ela pensou seria o principal problema, não o foi. Devido a sua idade Kátia não ficava muito com Pedro, os pais eram muito rígidos e o namoro era de colegial, com beijinhos no ponto do ônibus e só. Ela desconfiou que um homem de 33 anos não se conformaria apenas com beijinhos e amassos esporádicos, e tinha quase certeza de que ele saía com outras mulheres. O que Kátia não esperava é que Pedro mantivesse um relacionamento paralelo totalmente sério, tão sério que ficou noivo ainda estando com ela. "Fui a outra por quase dois meses. Apesar de estar noivo, ele me ligava e dizia que me amava, e que não estava comigo apenas porque eu não podia dormir com ele. Fiquei com medo porque com 15 anos eu já era amante e não queria isso para mim. Hoje namoro um rapaz de 17 que me ama e sei que sou a única. A segurança é muito importante."

Amanda & Rodrigo

"O Rodrigo era o homem que toda mulher sonhou: lindo, educado, inteligente e, infelizmente para mim, homossexual." Assim começa o relato de Amanda, que namorou Rodrigo por quase um ano sem saber que ele tinha um caso fixo e estável com outro homem. Amanda sentiu-se muito mal o dia em que o namorado abriu o jogo. "Ele me disse que gostava muito de mim, que eu era importante na sua vida, mas que não conseguia mais estar me enganando. Ele amava e saía com outro rapaz bem antes de me conhecer. Eu fui apenas uma fachada para a família e os amigos não desconfiarem", conta Amanda triste e decepcionada. "Gostava tanto dele que nunca desconfiei de nada; hoje, pensando em algumas atitudes, percebo que estava cega. Fui a outra sem saber, e ainda a outra do meu namorado era um homem. Minha autoestima evaporou-se, fiquei meses sem sair de casa. Hoje estou recuperada, e sozinha. Rodrigo fez-me perder a confiança nos homens; espero um dia poder recuperá-la."

Está na hora da esposa saber de tudo

10 maneiras de incriminar seu amante

1 — ANTES DE SAIR DO MOTEL, COLOQUE UM BILHETE NO PALETÓ DIZENDO: "VOCÊ ME LEVA ATÉ O CÉU, TE AMO".

2 — COM AQUELE BATOM VERMELHO BEIJE A CUECA ENQUANTO ELE TOMA BANHO; A MARCA TEM QUE FICAR BEM VISÍVEL E TORCER PARA A ESPOSA ESTAR PRESENTE QUANDO ELE TIRAR A CALÇA.

3 — ESTA TAMBÉM FUNCIONA: NA HORA DE SAIR DO MOTEL MISTURE OS RGs.

4 — DENTRO DA CARTEIRA DO SEU AMANTE, COLOQUE SUA FOTO; NÃO PRECISA DE MAIS NADA.

5 — DENTRO DA PASTA EXECUTIVA DELE, JOGUE AS ALGEMAS USADAS NESSA INCRÍVEL E INESQUECÍVEL TARDE DE PAIXÃO.

6 — CORTE UMA MECHA DO SEU CABELO E ESPALHE-A PELA CAMISA; A SEGUIR, AJUDE-O A COLOCAR O PALETÓ.

7 — ENQUANTO FAZ AMOR DÊ AQUELE ARRANHÃO NA HORA H, SE POSSÍVEL COM AS 10 UNHAS AO LONGO DAS COSTAS.

8 — CHUPÕES SÃO SEMPRE UMA BOA PEDIDA, NO PESCOÇO DIFICILMENTE ELE DEIXARÁ, AGORA NA NUCA OU NO BUMBUM, NUNCA PERCEBERÁ.

9 — PRENDEDOR DE CABELO NO BOLSO DO PALETÓ SEMPRE O DEIXARÁ NUMA SITUAÇÃO DIFÍCIL.

10 — SE ELE TEM O COSTUME DE TIRAR A ALIANÇA, ESCONDA-A, OU MELHOR, TROQUE-A POR OUTRA PARECIDA; ELE NÃO PERCEBERÁ, MAS COM CERTEZA A ESPOSA SABERÁ A DIFERENÇA.

Os Amantes e seus Signos

Capítulo 3

O homem de Áries
21 de março a 20 de abril

Conquistando um homem de Áries

Para conquistá-lo, não fique atrás dele, não ligue o dia inteiro, deixe que tome a iniciativa. Os arianos detestam que a mulher avance o sinal. É um líder, e, como tal, será ele que tomará as decisões.

Goste do que ele gostar (por exemplo, dos amigos, mesmo que ele não goste dos seus), deteste aquilo que ele odiar; isso já é meio caminho andado para ficarem juntos (ou pelo menos atrair seu interesse). Enfim, seja sua escrava; ele vai adorar.

Você terá que ser muito feminina (alguém sabe me explicar o que é ser muito ou pouco feminina? Em todo caso, use mais saias do que calças), romântica e independente (mas sempre atrás dele). Quer sua devoção, embora isso não signifique ser uma mulher totalmente submissa (apenas 90% já esta bom), apenas demonstre o quanto ele é importante.

Características e cuidados

Pode ser o homem mais quente do mundo num instante e o mais frio e gelado um segundo depois; isso certamente a fará sofrer.

Assim como dá tudo o que tem (inclusive dinheiro, oba, oba, oba!!!) se o achar necessário (ahhhhhhh), pode ser muito egoísta se a pessoa não faz o que ele quer, não atende seus desejos ou demonstra certa negatividade;

isto quer dizer: atendeu os desejos, será bem tratada, não atendeu, pra fogueira. Qualquer semelhança com seu chefe é mera coincidência.

Estes homens, quando se envolvem num caso amoroso, acham que será o maior de todos os amores. Se não emplacar, começam outro, esquecendo rapidamente o primeiro.

Enquanto está amando, entrega-se por inteiro.

Os arianos têm uma necessidade enorme de romance e são suscetíveis a ter amantes se no lar não encontram o amor que esperam ou acham que lhes deve ser brindado.

Uma das ótimas características do homem de Áries é ser verdadeiro, principalmente no amor; não vai dizer que a ama se realmente não o estiver sentindo. Agora não chega a ser tão verdadeiro a ponto de contar a verdade para a esposa.

Cuidado: não gosta de mulheres muito tímidas ou negativas.

Assim como se envolve entregando-se por inteiro, ele sai do relacionamento sem você perceber, rápida e violentamente.

Se depois de uma briga quer reconquistá-lo, basta que esqueça o passado, e se esforce para consegui-lo de volta, ele vai adorar.

Não tente fazer ciúmes, ou o perderá no ato. Apesar de ser seu amante, quer exclusividade total (a mesma que você não possui).

O homem de Áries é muito solidário, e se você não estiver bem, irá correndo para socorrê-la (aproveite esta dica para que corra aos seus braços).

Para evitar brigas, não fale muito de dinheiro. Ele gosta de gastar (afinal, é o dinheiro que ganhou). Mesmo que não saiba administrar muito bem suas contas, deixe que se estrepe sozinho.

Não é pão-duro, pelo contrário, é muito generoso e gosta de dar presentes. Somente deixe que tudo parta por vontade própria.

> **Se você for romântica e tiver paciência, vá em frente. O ariano nunca a deixará na mão se você conservar sempre acesa a chama da paixão; ele não terá dúvidas em dizer adeus à esposa que fica em casa costurando, fazendo crochê ou comidas das mais variadas.**

O homem de Touro
21 de abril a 20 de maio

Conquistando um homem de Touro

Seja a mais feminina das mulheres, discreta, distinta. Mesmo que você seja um gênio, deixe que ele se ache o inteligente.

O taurino adora sua liberdade, então não fique grudada demais.

Seja uma ótima cozinheira, pois pode ser que você o pegue pelo estômago, já que ele adora uma boa comida.

Detesta desorganização, barulho, por isso tenha sua casa sempre em ordem, com uma bela música e respirando a paz, que ele sempre estará por lá.

Características e cuidados

Tenha paciência, porque ele não vai se decidir de uma hora para outra se quer ou não ter um caso com você; no máximo em oito anos tomará essa decisão (na verdade depende apenas de você).

Usará todas as armas possíveis para conquistá-la, e conseguirá (quando me refiro a armas não estou falando de pistolas, metralhadoras, facas, e sim truques); jantares em ótimos restaurantes, cartões, presentes, enfim, tudo para deixá-la totalmente apaixonada, e o pior é que você cairá como um patinho, ou melhor, como uma vaca (entendam: touro x vaca).

Cuidado com o temperamento explosivo do homem de Touro, não mexa muito com ele, pois pode ter uma desagradável surpresa e ouvir palavrões que nem sabia que existiam.

Se estiver apaixonado esquece tudo, não dá ouvidos às pessoas que o aconselham a não se envolver com um amor proibido (no caso, você); quanto mais falarem, mais vai querer curtir essa paixão. O taurino é teimoso por natureza.

Financeiramente o homem de Touro é um dos mais estabilizados do Zodíaco. Isso não quer dizer que todos os nascidos sob este signo sejam ricos, mas pelo menos a situação deles é segura.

> **O amor de um taurino é sincero; basta que ele sinta que você também o ama e será fiel (somente a trairá com sua esposa) e lhe dará segurança financeira. Embora seja um pouco cabeça dura, tenha paciência com ele e poderá ser feliz. O engraçado é que ele é o touro, e a esposa que carrega os chifres.**

O homem de Gêmeos
21 de maio a 20 de junho

Conquistando um homem de Gêmeos

Nada de ser passiva; ele quer ser acompanhado num pique fora do normal, que um geminiano possui.

Não faça nada exagerado, não se apaixone nem se entregue demais.

Odeia ficar só; adora gente, reuniões e festas, onde sempre será o centro das atenções (provavelmente seu amante vai sentir prazer em acompanhá-la nessas empreitadas, mesmo pondo em risco seu casamento).

Diga que sempre estará com ele, pois isso o deixará seguro e feliz.

Características e cuidados

Não é um dos signos mais confiáveis em matéria de amor e fidelidade (você que o diga). Dizem que gostam de tudo em dose dupla: dois trabalhos, dois apartamentos, dois filhos, "duas mulheres".

Se você é uma romântica inveterada, com um geminiano morrerá de fome. Estes homens costumam confundir a cabeça e o coração das mulheres, e você nunca saberá realmente o que está pensando ou planejando. Suas atitudes são duplas, e qualquer coisa pode acontecer.

No que se refere a dinheiro, num momento ele é a generosidade em pessoa, no outro, o rei dos "pães-duros". Se você está com seu amante geminiano pensando apenas em engordar sua conta bancária ou ganhar presentes, desista.

Vai lhe prometer coisas que não pode cumprir (por exemplo, ficar com você e largar a esposa). Cuidado: não acredite em tudo o que diz.

> **Um amante alegre e divertido, meio maluco, com múltiplas personalidades. Paquera todas mas só fica com duas: a esposa e você.**

O homem de Câncer
21 de junho a 21 de julho

Conquistando um homem de Câncer

Tenha paciência, porque ele não vai se abrir logo de cara. Para conquistá-lo seja teimosa, insista.

Está à procura de uma mulher à moda antiga, igualzinha àquela com quem seu pai se casou.

Vista-se bem, use perfumes caros e discretos, seja carinhosa e romântica, e ele será quase seu (dessa maneira também será de quase todos os homens).

Adora ser mimado e cuidado, apesar de seu orgulho não admiti-lo (amante dengosinho, que gracinha. Cuidado: ele sempre anda para os lados, e possivelmente nunca chega onde tem que chegar).

Se ele não se declarar, dê a impressão que você não quer nada; nesse momento, ele cairá em seus braços.

Características e cuidados

Se você não se der bem com a mãe dele, esqueça: parta para outro amante, logicamente que, enquanto você for a "outra", é provável que não conheça a sua futura sogra; mesmo assim, pergunte pela jararaca (perdão, pela mãe), elogie e diga que seria uma honra ser apresentada um dia, minta, seja falsa à vontade.

É um pessimista nato; cuidado, pois pode deixá-la deprimida. Isso, aliado ao fato de ser a outra, pode se transformar numa combinação nada desejável.

É o signo que mais se identifica com dinheiro. Gosta de economizar, mais do que gastar, e não será o tipo de amante que a encherá de presentes, pelo menos até sentir que está loucamente apaixonado por você (metade das mulheres amantes de um canceriano, a esta altura, estão trocando de parceiro).

Uma característica especial, ou no mínimo curiosa, é a fotografia; o que isso tem a ver com você? Nada, absolutamente nada, mas sempre é bom saber.

A separação da esposa pode deixá-lo, durante anos, perturbado. Demora a se apaixonar, é muito exigente, mas, quando o faz, se entrega por inteiro, sendo extremamente sentimental.

> **É o tipo de amante para se ter paciência. Pode demorar a dizer que quer iniciar uma relação, ou que a ama, mas quando perceber sua importância não terá dúvidas: encherá você de carinho, atenções e presentes (não, não falei nada de deixar a mulher).**

O homem de Leão
22 de julho a 22 de agosto

Conquistando um homem de Leão

Adora ser bajulado; basta adorá-lo, respeitá-lo e, principalmente, escutá-lo, ser a sua platéia, e o terá conquistado. Se em alguma hora você pensou que tivesse vocação para puxa-saco, o momento de demonstrá-lo é este.

Deixe que se sinta o dono das atenções, afinal é o rei, e terá grandes chances de conquistá-lo.

Características e cuidados

É orgulhoso e arrogante, apesar de se apresentar como um gatinho tímido. Não tente mandar nele, pois se dará mal.

É superciumento, então nada de fazer charme com outro para atrair sua atenção, porque o estará perdendo. E ainda ele vai preferir continuar com a súdita que tem em casa.

Muito possessivo, é capaz de dar palpites na roupa que você usa, no penteado e controlar seus horários; mesmo que você seja apenas a amante, ele exigirá 100% de devoção (pense se vale a pena, pense, pense...).

Os amantes leoninos não têm problema em gastar dinheiro. As amantes realmente vão se dar bem, pois não poupam despesas (de novo, oba, oba, oba). Ele a levará nos melhores restaurantes, dará caros perfumes, mandará flores e escreverá lindos cartões, mas, claro, tudo isso enquanto a estiver paquerando; depois que a conseguir, diminuirá um pouco os agrados, mas não terá problema em lhe dar uma bela mesada se o julgar necessário. Se você é a amante interesseira, é tudo o que você um dia sonhou.

Se vocês estão juntos, é provável que a esposa não lhe dedicou toda a atenção e o amor que ele acha necessário. Tome cuidado para que nunca faltem esses ingredientes, senão você também dança.

É um excelente ator; se um dia você decidir acabar com a relação, é capaz de tudo para que volte atrás, chorar ou até se fingir de doente.

> **Amante mão-aberta (se você está atrás de conforto, é o ideal), pede muito e dá pouco. Exigirá sua fidelidade mesmo que ele nem cogite em deixar a esposa.**

O homem de Virgem
23 de agosto a 22 de setembro

Conquistando um homem de Virgem

Use o cérebro; os virginianos dão preferência às mulheres inteligentes, que sabem o que querem.

Vista-se bem, pois adoram mulheres elegantes (sem exageros). O cabelo também é muito importante; esteja sempre bem arrumada.

Nada de egoísmo, ou preguiças; faça um excelente jantar, e será um ótimo começo de conquista.

Realmente nada bobos os virginianos: querem apenas uma amante bonita, inteligente, que se vista bem, que seja arrumada, que não seja preguiçosa; será que você se encaixa em todos esses requisitos?

Características e cuidados

Sempre está à procura de uma esposa e não de uma amante, isso quer dizer que se está envolvido com você é porque algo de muito especial deve ter (ou a mulher é um canhão daqueles).

Não é o mais romântico dos homens, mas em compensação é o que melhor e mais rapidamente seduz; cuidado, isso é um perigo. Depois que caiu nas suas garras, será difícil sair.

O homem de Virgem é muito crítico e exigente, e isso pode machucá-la mais do que imagina. Sua grande arma são as palavras, capazes de levá-la às nuvens ou ao inferno num segundo.

Por ser muito exigente, apenas as mulheres que tiverem muita paciência ficarão com ele. Seu coração parece de pedra, mas não é (é de madeira).

Estes homens costumam parecer indiferentes a tudo e a todos (principalmente no que se refere ao amor); no dia em que você o conquistar, essa indiferença desaparecerá.

Mesmo morrendo de amores, ele nem sempre vai admitir essa "fraqueza". O virginiano é o homem que melhor representa no Zodíaco (não que todos os virginianos sejam falsos, mas se fossem atores sempre estariam concorrendo ao Oscar).

Será seu grande amigo, além de amante, sempre disposto a escutá-la e com um incrível poder de ajudar quando estiver em crise, doente ou com algum problema (fale para ele que seu problema é ser a amante e não a esposa, ele vai odiar).

Embora aparentemente não pareça ciumento, o virginiano é muito possessivo e se não lhe derem a atenção necessária não terá nenhum problema em buscar a felicidade em outra porta (por isso está com você).

Detestam confusão, escândalos, baixarias (aliás, há alguém que goste?), quando o caso acabou e ponto final (o mesmo podemos dizer do casamento; quando decidir ficar com você, não terá problema nenhum em assumi-la).

> **Um amante elegante, que raramente sai com os amigos, não vive dando em cima de todo mundo, e apesar de um pouquinho chato e crítico, será capaz de deixar tudo por seu grande amor.**

O homem de Libra
23 de setembro a 22 de outubro

Conquistando um homem de Libra

Proponha você o início de caso, senão corre o risco de nunca chegar nem a ser a amante, quanto mais a esposa.

Seja uma ótima anfitriã, quando ele a visitar. Se sua casa estiver desarrumada, pode ter certeza, não voltará mais, é o típico chatinho.

Características e cuidados

Não tem o melhor dos gênios e chega a se irritar com facilidade (ter amante mal-humorado é o fim; se quer continuar, o risco é seu).

Sabe usar todos os truques para conquistar uma mulher, mas depois de conseguir seu feito, muitas vezes não sabe como agir.

O libriano detesta dizer "não"; é capaz de ficar anos com sua esposa, por medo de machucá-la, sem perceber que adiar a decisão pode ser muito pior.

Raramente será injusto, ou pelo menos fará tudo a seu alcance para que isto não aconteça.

Apaixona-se facilmente, o que pode ser ótimo para você (torça para que não perca o interesse com a mesma rapidez. Só você sofrerá).

Não é o tipo de amante que lhe dará muito apoio quando buscar compreensão; não será nos braços dele que você vai achá-la.

Gosta de gastar dinheiro com o que (ou quem) lhe proporciona alegria ou felicidade.

Detesta estar em ambientes lotados, assim como odeia a confusão; precisa de total harmonia para se sentir bem.

> **Um amante muito justo: mesmo com 100 anos as mulheres vão chamar sua atenção. Torça para a esposa ser desleixada, pois será meio caminho andado para sua separação.**

O homem de Escorpião
23 de outubro a 21 de novembro

Conquistando um homem de Escorpião

Não fale do seu passado amoroso, ele não quer saber. Não seja vulgar, porque ele não admite essa característica numa mulher, de forma muito mais enfática que outros signos.

Tente se adaptar à sua personalidade, não seja delicada demais, ou fique pedindo opiniões, que para ele não tem importância; por exemplo: esta roupa ficou boa? Ficou lindo o penteado? Você não vai querer saber a resposta.

Características e cuidados

Parecem frios; engano seu, são superquentes, fogosos e apaixonados.

Cuidado, porque podem exagerar em tudo: luxos, bebidas, comidas, e até no amor.

As feridas que pode lhe causar a acompanharão durante toda a vida, pois ele sabe machucar como ninguém (nem pensar ter um amante de Escorpião, masoquista; é morte na certa).

Se sente ciúme não o demonstre (nem mesmo da esposa). Confie nele, apesar de as mulheres caírem de quatro por seu amante de Escorpião.

Se para ele você é a pessoa certa, vai fazer de tudo para conquistá-la, e, com certeza, você, como todas, sucumbirá ao seu poder hipnótico. Sua personalidade magnética a deixará totalmente transtornada.

> **Temperamento explosivo, uma bomba-relógio que pode explodir a qualquer momento, é um tipo de amante machista. Mas se você for carinhosa e romântica, conseguirá tudo.**

O homem de Sagitário
22 de novembro a 21 de dezembro

Conquistando um homem de Sagitário

Primordial: seja inteligente, leia muitos livros e defenda alguma causa dele (mesmo que seja perdida).

Não gosta de mulheres ciumentas ou desconfiadas; não adianta chorar, criticá-lo ou ameaçar deixá-lo, porque nada disso o fará ficar com você.

Comece adorando esportes, o campo, seja carinhosa, e deixe-o livre, assim será totalmente seu.

Características e cuidados

É o signo mais otimista e sortudo do zodíaco. Confia em tudo e em todos.

Falando de amor é um tanto superficial, mas sincero nos seus sentimentos. Isso será ótimo para você, pois é um amante muito franco. Se tiver que continuar ou acabar o relacionamento com você ou a esposa o fará sem problema nenhum.

São muito simpáticos e paqueradores, mas às vezes podem até ser mal interpretados. Esqueça o ciúme; é o jeito dele.

Cuidado, pois não é muito ligado em família; não deixe seus parentes se meterem no relacionamento (muito menos dar opiniões).

Se gosta de viajar, este é o amante ideal. Seja sociável, assista aos jogos de futebol juntinho dele e cuide do cachorrinho, que eles adoram.

> Um ótimo caráter, não recomendável se você for muito ciumenta, porque o caso pode não durar. São muito sinceros para manter uma mentira por muito tempo. Ou se separa ou fica com a esposa pelo resto da vida.

O homem de Capricórnio
22 de dezembro a 20 de janeiro

Conquistando um homem de Capricórnio

Estes homens adoram adulação, então diga que é lindo, inteligente, interessante, e ele vai delirar (não adianta dizer que é lindo se for horrível, tente que o elogio seja sincero, pode adorar ser bajulado, mas não é burro).

Tem uma quedinha por boas donas-de-casa, cozinheiras que se vistam bem e impressionem seus colegas.

Infelizmente (ou não), o capricorniano liga muito para a beleza física. Se você é feia, com certeza não será a escolhida (agora o que é feio? O que é lindo? Beleza é relativa, faça o teste de manhã ao acordar: olhe-se no espelho; se você der um grito de horror é porque não passou).

Características e cuidados

É o signo mais fiel do Zodíaco. Tem horror ao divórcio, por isso não ponha muitas esperanças no caso com um homem de Capricórnio.

Ele é tímido e não muito romântico, por isso não espere grandes declarações de amor; "eu te amo" não será uma frase ouvida freqüentemente.

É meio quadrado; nada de biquínis minúsculos, banhos de perfume e demonstrações de carinho explícitas em público, ele detesta.

Às vezes pode parecer frio e sem sentimento, é assim mesmo, aprenda a conviver com isso. A segurança que lhe dará quando realmente achar que você é a pessoa certa terá compensado tudo.

> O signo que tem menos chances de ter uma amante, pois a separação não consta nos seus planos. Quando casou foi para valer, espere e verá. Nada de esperanças, as coisas acontecem naturalmente (naturalmente pode ser que ele nunca se separe).

O homem de Aquário
21 de janeiro a 19 de fevereiro

Conquistando um homem de Aquário

Deixe-o curioso, intrigue-o; se você o ignorar ele não vai saber o que está pensando, mas o atrairá.

Mulheres firmes e decididas chamam sua atenção (não confunda com masculinizadas, de bigode e fumando charuto).

Nunca o deixe esquecido. Se estiver doente, dedique-lhe todo o tempo, como se fosse uma criança, e o fará realmente feliz.

Características e cuidados

Os aquarianos evitam o casamento a todo custo, casam-se quase sempre tarde e o primeiro amor da sua vida nunca será esquecido. Com essas características a amante não tem muita chance.

Encaram o relacionamento como uma grande amizade e o sexo não é uma das suas atividades principais.

Se o pressionar para que fique com você, provavelmente vai ser enrolada de tal forma que até você vai acabar acreditando nos argumentos expostos.

É muito honesto: se tem que terminar com você de repente porque assim sua consciência o dita, o fará sem rodeios, com tamanha honestidade que você sentirá vontade de afogá-lo no seu próprio signo, ou seja, no aquário.

O pior é que às vezes pode querer romper o relacionamento com sua amante, sem dar nenhuma explicação. Você deverá adivinhar o porquê (enquanto isso, ele deverá adivinhar o porquê do tamanho do calombo na sua cabeça).

Sentindo-se explorado, ou sabendo que está envolvido com uma oportunista, pulará fora na hora (interesseiras de plantão: correndo para outro signo).

> **Raramente o aquariano vai revelar seus sentimentos, mas com certeza vai querer saber os seus. É mais fácil ser sua esposa ou amiga do que amante.**

O homem de Peixes
20 de fevereiro a 20 de março

Conquistando um homem de Peixes

Ele precisa de momentos de silêncio, então não o moleste. Poderia ter estampada aquela plaquinha: NÃO PERTURBE.

Deixe-o ir quando precisar dar um passeio ou ficar só.

Se realmente quer conquistá-lo, dê-lhe espaço, deixe-o à vontade. Mulheres muito grudentas não fazem sua cabeça.

É muito sensível, por isso não o magoe, pois estará deixando de conquistar um dos homens mais criativos do Zodíaco (tão criativo que tem amante e esposa).

Características e cuidados

Encoraje-o sempre, acredite em seus projetos. É um sonhador, e se a esposa não o compreender... aproveite esta fraqueza e assuma o controle.

Cuidado: ele não terá crises de ciúme, ou se as tem pode ser tão bom ator que as esconderá.

Se for a ciumenta, e além do mais esse sentimento for possessivo e violento, pode esquecer; nunca vai terminar seu casamento para ficar com alguém assim.

> Ajude este homem criativo a tornar seus sonhos realidade e, com certeza, largará tudo para ficar do seu lado. Apoio é o que necessita para implementar suas idéias, por mais malucas e descabeladas que elas possam parecer.

Tipos de Amantes

Capítulo 4

Tipos de Amantes

Estes são alguns tipos de amantes que podem aparecer no seu caminho. Cuidado com aqueles que com certeza a farão sofrer, e fuja dos relacionamentos ultraproibidos. Tente não misturar trabalho com sentimentos, e aproveite cada minuto do lado do amante que a faz extremamente feliz.

O namorado

É um tipo de amante fácil de conquistar. Se for jovem e o namoro é recente, as chances aumentam ainda mais.

Cuidado: por se tratar apenas de uma namorada, estes rapazes nem sempre são sinceros no começo de um relacionamento com a outra.

Não deixe que o caso com um "namorado" seja muito longo (senão ele acaba casando!). Se está apenas namorando e não tem grandes vínculos com ela, não tem sentido você não ser a titular.

Se a estiver enrolando, caia fora. Se realmente a amar, ficará com você rapidinho.

Na cama estes amantes são uma incógnita total: podem ser ótimos e ao mesmo tempo apressados e desajeitados.

Cuidado com as namoradas; por causa da inexperiência, é capaz de ele se entregar a qualquer momento e numa crise de consciência contar tudo para aquela "megera". Se você não gostar de baixarias, este tipo de relacionamento pode estar cheio.

> Conselho útil: não deixe que seu caso com o "namorado" dure muito tempo; ele tem que se decidir rápido por uma das duas. Após o 13º ano como amante, desista.

O noivo

É um pouquinho mais difícil de conquistar que o "namorado", mas, contraditoriamente, é mais fácil que no fim fique com você.

A facilidade é por um motivo simples: o relacionamento com sua noiva deve existir no mínimo há algum tempo (em média de 1 a 3 anos). Muitas vezes, o homem tem necessidade (por vaidade, insegurança ou safadeza) de sair com outra pessoa. Esta pessoa, segundo ele, não irá abalar seu noivado, ou planos futuros, será apenas uma aventura passageira.

O começo do relacionamento com seu amante noivo será quase que totalmente de apelo sexual. Ele não procura na sua amante uma dona-de-casa, uma mãe para seus filhos, e, sim uma ótima tarde regada a muito sexo (nada de drogas e quem sabe um pouquinho de *rock-n'-roll*) e, por que não, um pouquinho de amor.

Dependerá de você que ele mude essa opinião e perceba que tem outras qualidades além da cama (você tem? Não tem?).

Você, neste caso, não tem como mostrar suas armas, por isso tente apenas ser a melhor das amantes, carinhosa, boa de cama e organizada. Ele tem de perceber o que você é, ou quem sabe finja o que você não é. Depois de fisgado, o problema é dele.

Sexualmente a fará muito feliz; sentimentalmente, nem tanto, pois procurará de todas as formas não se envolver. Não é o tipo de amante romântico, não manda flores, não dá presente ou escreve cartões. Desde o começo do caso deixará bem claro a que veio (infelizmente a realidade crua é uma: veio procurando uma ótima transa).

> Conselho útil: é um amante frio, que não se envolve. Depende de você que seja seu ou não; se é capaz de conquistá-lo por inteiro, vá em frente. Geralmente apenas é possível conquistar metade dele: a metade de baixo.

O casado

Se você for casada, com certeza é o amante ideal (é a safadeza total); agora se for solteira, é sofrimento na certa.

Aqui a lógica dos contrários funciona às mil maravilhas. Um homem casado não vai ligar para fazer exigências se você também é casada. Ele com certeza não vai querer que você destrua o casamento dele, e, portanto, também não vai destruir o seu.

Já se você for solteira, seu amante casado vai exigir fidelidade. Parece ridículo, porque enquanto dorme com a "outra" (sim, porque para você a esposa é a outra) vai querer que você não saia com ninguém.

Costumam ser muito ciumentos, mais do que se fossem namorados, inseguros, estão sempre pensando se separam ou não, quase sempre quando o fazem é tarde demais.

Sexualmente, a relação com um homem casado é ótima. Ele vai dedicar as melhores horas do dia ou da semana para a mulher proibida, e é aí que você aproveita.

> **Conselho útil:** é um ótimo amante se você for casada, discreto e, com certeza, bom de cama; agora se for solteira, não espere nada dele.

O rico

Não são apenas vantagens ou dinheiro que este tipo de amante pode lhe oferecer (também pode lhe oferecer carros, jóias, viagens, roupas, etc.).

Será ótimo se estiver interessada apenas no lado material; logicamente que o relacionamento será baseado nos presentes que você ganhar.

Se ficar com ele para aproveitar-se economicamente, esse tipo de amante na maioria das vezes será:

- mais velho;
- não necessariamente bonito (diríamos que feio);
- existe a possibilidade de que sexualmente ele não corresponda às suas expectativas (e você se importa com esse detalhe?).

Ele a tratará como uma rainha, mas provavelmente nunca deixe a esposa.

É o tipo de amante consciente, que sabe o que o dinheiro pode comprar; no caso, não compra a amante, apenas a aluga.

Se você às vezes se sente uma prostituta, fique tranqüila, pois está absolutamente certa em se sentir assim.

Existe outro tipo de amante rico, bonito, elegante e extremamente gentil, que engana sua esposa porque o casamento está em crise.

Este tipo de amante, apesar de rico, deixará claro que não será por meio do dinheiro que o relacionamento de vocês irá em frente. Ele se envolve em todos os aspectos, e sua separação dependerá exclusivamente do grau de comprometimento do casamento (filhos, fatores econômicos, familiares, etc.).

Provavelmente seja por este último tipo de amante que você se apaixonará, pois é por ele que a maioria das mulheres sofre: rico, lindo e romântico, quem não quer um amante assim, ou melhor, quem não quer um marido com essas características?

> **Conselho útil: agradeça por todos os presentes; quando sentir que não está feliz, largue tudo e deixe que seu coração a guie.**

O chefe ou patrão

Relacionamentos dentro da empresa nunca são recomendados, agora se aconteceu, fazer o quê, vá em frente... atrás das máquinas, embaixo da escrivaninha, nas escadas, etc.

Seus colegas terão dois motivos para malhá-la: primeiro porque ele é o chefe (desperta o ciúme de todos os funcionários; todo mundo achará que você o está usando para subir, obter vantagens) e segundo porque ele é casado (todos vão achar que você não tem princípios). Se você o estiver usando para subir no seu emprego e não estiver preocupada com o fato de ser casado, realmente você não tem princípios.

O bom deste relacionamento é a proximidade do seu amante, praticamente será um namorado. Em grande parte do dia estarão juntos, e saberá praticamente todos seus passos: quem liga, quem o visita, e principalmente se é verdade aquela crise que ele disse estar passando no seu casamento (já que a esposa não ligaria todo dia se estivesse tudo tão ruim).

O sexo com o chefe pode ser ótimo (isso depende de como ele é na cama), porque tempo não vai faltar. Pode ser naquela esticadinha na hora do almoço, na famosa hora extra, numa viagem de negócios, ou até na própria sala dele, no final da tarde.

O fator negativo é na hora de acabar o relacionamento. Se foi você que decidiu terminar, ele pode ficar transtornado e a mandar embora; se foi ele que disse um basta, você pode pedir as contas ou começar a falar coisas na empresa que ele não gostaria de ouvir.

É impossível no relacionamento com seu amante chefe que a parte profissional não seja afetada.

> **Conselho útil:** se você é possessiva e precisa do seu amante por perto, este estará sempre presente. Em compensação, o lado profissional corre o risco de ficar seriamente comprometido.

O colega de serviço

Parecido com o chefe, a diferença é que o seu lado profissional não fica tão abalado como no caso anterior.

A repulsa de todo mundo vai continuar. Aqui somente será chamada de galinha, o que já não é pouco.

O bom de se ter como amante o colega de serviço é que ambos têm a mesma condição social e econômica. Se você chegou à condição de amante é porque as coisas no casamento dele não iam lá essas coisas, além do mais, estão juntos constantemente, o que aumenta as chances de o caso ter um final feliz.

O bom e o ruim deste relacionamento é ficar o dia inteiro no mesmo ambiente, onde ambos sabem tudo sobre a vida do outro, quem liga, quem visita, enfim, um relacionamento no qual o ciúme sempre estará presente.

Fugir depois ou antes do expediente, dar uma passadinha rápida naquele *drive-in* perto da casa dele; sexo não vai faltar com seu colega de serviço.

> **Conselho útil:** menos risco do que com o amante chefe; embora misturar o lado profissional com o sentimental não seja o indicado, vá em frente, pelo menos o único interesse de ambos é estarem juntos.

O funcionário

Novamente o lado profissional fica comprometido. Agora quem dá as cartas é você. Não interessa se é linda, maravilhosa e cheia da grana, nunca saberá se ele está com você por tudo isso ou por medo de perder o emprego.

O mando do relacionamento será seu, ditando regras e horários; ele sentirá que o emprego está por um fio a todo momento.

Na cama, se ele conseguir sobreviver à pressão natural do caso de vocês, poderá se sair bem, até impressioná-la (ele vai fazer tudo para não perder o emprego).

Realmente pode gostar de você e amá-la; se isso acontecer, as chances de deixar sua esposa são quase que totais. O fato de a mulher ser profissionalmente superior, ou até ganhar mais, deixa muitos homens ainda mais interessados e, por que não, excitados.

> **Conselho útil:** não o humilhe; você tem que conquistá-lo, e não assediá-lo.

O vizinho

Poderia ser o melhor dos amantes se não fosse por um pequeno detalhe: se um dia você o dispensar, será sua sombra, e provavelmente tenha que mudar de endereço para ter tranqüilidade.

Por outro lado, terá seu amante por perto, de domingo a domingo, podendo ser visitada ou visitá-lo a qualquer momento. Basta tomar os cuidados necessários para que ninguém descubra.

Dificilmente neste tipo de relacionamento você escapará das fofocas. É um tipo de caso com amante no qual a esposa na maioria das vezes fica sabendo de tudo, seja porque ela mesma viu, alguém contou, ou você numa crise de raiva, ao ver o casal de pombinhos abraçadinhos, não resistiu e fez o maior escândalo.

Sexualmente, o relacionamento com seu amante vizinho pode ser extremamente prazeroso; o sabor do perigo é exposto quase que no seu grau máximo. Imagine fazer amor na escada de emergência, ou, quem sabe, no elevador de serviço, seria demais, não?

> **Conselho útil: se tiver fantasias, o momento de realizá-las chegou. Se é ciumenta, cuidado: cruzará com eles constantemente. Será que você consegue suportar?**

O bom de cama

Está aqui um amante que realmente a fará sofrer.

Este tipo de homem é um vício. Você se perguntará por que ainda fica com este homem, e a resposta é simples: ele a faz muito, mas muito feliz mesmo, sexualmente.

Pode não ser tão romântico (às vezes é, pior para você), um pouco desligado, não ter um tostão e nunca lhe prometer que vai ficar com você, mas em compensação, cada vez que estão juntos suas pernas tremem (antes e depois de uma longa tarde de amor).

Com certeza você vai se arrepender de tê-lo conhecido, e muitas vezes chegará à conclusão de que não pode viver sem ele. Tentará acabar o relacionamento várias vezes, mas sempre voltará.

O caso com um amante bom de cama termina quando ele quer. Sabendo do seu "dom" de dar prazer, escolherá quando e por que parar, o que pode significar um momento de dor muito grande para a amante apaixonada.

Por ele ditar as regras (consciente ou inconscientemente), você assumirá um papel passivo na relação, fazendo vontades e concessões que nem você um dia acreditaria.

> **Conselho útil: prazer e dor, coquetel explosivo; não se envolva sentimentalmente, pois com certeza será difícil desligar-se.**

O romântico carinhoso

Assim como o bom de cama a preenche sexualmente, o romântico a conquistará por seu carinho e atenção; não precisa ser tão lindo, ter dinheiro ou ser um ótimo amante (literalmente falando).

Você sentirá falta da voz, do olhar e, principalmente, das suas palavras sempre carinhosas.

Ter um amante romântico e carinhoso é também uma ótima maneira de sofrer, principalmente porque ficará pensando que esse carinho e atenção ele também proporciona à esposa, e isso deixará você extremamente amargurada.

Este tipo de homem é idealizado pelas mulheres, transmite segurança, vontade de ficar com ele a vida inteira. Você achará que seria um ótimo pai dos seus filhos, um excelente marido, uma ótima pessoa para conviver ao seu lado o resto da vida. O problema é que depende de ele querer ou não pôr um fim ao seu casamento.

É um amante extremamente compreensivo, que adorará escutá-la quando estiver triste, irá ajudá-la quando passar por dificuldades, sejam familiares ou sentimentais, sempre dando uma opinião centrada e equilibrada.

Enfim, você fará de tudo para tirá-lo da esposa.

> **Conselho útil:** caso tranqüilo: é amoroso, atencioso, e mesmo se não for lá essas coisas na cama, o fato de ser uma pessoa maravilhosa compensa tudo. Cuidado se for paixão: alguém vai sofrer.

O esposo da sua amiga

Entenda-se ex-amiga. A pergunta é: com tanto homem solteiro dando sopa, foi escolher logo um casado, e ainda com tanto homem casado com tranqueira, escolheu o casado com sua "amiga", é demais, não?

Provavelmente o conheça há algum tempo, não se apaixonou de uma hora para outra, então tudo foi planejado.

Ambos terão como desculpa que apenas "aconteceu", o que não deixa de ser verdade.

O sabor do perigo e do proibido estão a 1.000 neste relacionamento; se você procura adrenalina, invista nesta loucura.

Sexualmente, se conseguirem sobreviver ao peso da consciência, o caso pode ser bom. O fato de ser o marido da sua amiga servirá para que estejam juntos quando quiserem.

Todos os cuidados são poucos para que ninguém desconfie. Não será provavelmente a esposa dele a primeira a ficar de anteninhas ligadas, e sim outra pessoa que perceberá o clima entre vocês e dirá à sua amiga: "não percebe o que está acontecendo?".

> Conselho útil: há mais de 3 bilhões de homens no mundo, entre eles muitos solteiros, outros casados, mas apenas um é esposo da sua amiga; procure outro amante.

O esposo da sua parente

Se querer conquistar o esposo da sua amiga já é ruim, imagine conquistar o esposo da sua prima, irmã, sogra, etc.

Censura total; se alguém descobrir, é melhor se mudar de bairro, cidade ou país.

A proximidade com o marido de alguma parente é constante: reuniões familiares, aniversários, natal, etc. Esse convívio pode ser o responsável pela sua suposta paixão por ele.

Até a inveja, ver que outra pessoa é tão feliz, a deixará curiosa, querendo saber por que ele é tão bom (cuidado, mulheres, não façam muita propaganda dos seus homens).

A consciência aqui não pesa, se é que existe (se assim fosse, nunca teriam tido um caso).

Provavelmente este amante nunca a assuma, o escândalo seria muito grande, e a dor de cabeça não compensaria o que sente por você (você acha que um homem confiaria numa mulher que quer tirar o marido de sua parente? Nunca!).

> Conselho útil: não faça isso; marido de parente é pior do que veneno de serpente. Continue procurando.

O garotão

Nesta categoria se encaixam todos os amantes que tenham de 10 a 15 anos menos que você, desde que estejam na faixa dos 20 aos 25 anos.

Amante muito fácil de conquistar; o fascínio que uma mulher mais velha exerce sobre um homem nessa idade é assustador.

Sexualmente, com sua experiência e o pique dele, podem chegar a ser muito felizes; você será a professora, ele, o aluno.

Será difícil que largue a esposa (é mais fácil uma mulher mais velha largar o marido por um garoto do que ele largar sua jovem esposa por você).

Assim como ele ficará fascinado por essa diferença de idade, tome cuidado para que não aconteça o mesmo com você.

Esses amantes agem por impulsos, e sem querer querendo, podem machucá-la onde mais dói: na diferença de idade.

Viva o dia-a-dia sem grandes esperanças, e deixe que ele se transforme na extensão da sua juventude. Curta ao máximo todos os momentos juntos, não cobre, não exija, é a maneira mais fácil de perdê-lo.

Conselho útil: fetiche para ambos os lados, nesse caso lhe devolverá os anos dourados. Juntem experiência e fôlego e a cama pegará fogo.

10 coisas que você pode fazer se a esposa pegá-la com o marido...

...na rua, no *shopping*, num restaurante, enfim, no mundo.

1 — Jogue-se no chão e grite: "Me solta, me solta, quem é você, me solta, seu louco!" (Funciona para você, o único inconveniente é que o amante leva toda a culpa.)

2 — Finja-se de cega, e, quando ela for dar um berro, agradeça seu amante por tê-la guiado. Continue andando uns dois quarteirões de olhos fechados, até ter absoluta certeza de que não está mais sendo observada. (Método 100% efetivo; cuidado para não ser atropelada; ao atravessar a rua, abra os olhos.)

3 — Pegue o primeiro homem que estiver passando e lasque um beijo, dirija-se a "outra" e diga: "Já tenho marido, não preciso do seu. (O problema não está nela acreditar, e sim em como se livrar do homem que acabou de beijar.)

4 — Antes de ela começar a xingar, abrace a mulher e diga: "Você então é minha prima, que bom te conhecer"; ela ficará desconcertada. Não deixe seu amante tentar explicar, homens geralmente ficam burros nessa hora. Explique que você é prima do pai do tio de um avô do marido dela, que mora lá em Uberlândia (ou qualquer outro lugar que sua imaginação lhe permitir). Não esqueça que ela poderá acreditar nessa história se vocês não estiverem em nenhuma situação comprometedora (situação que em público você nunca deverá estar).

5 — Saia correndo assim que ela começar a falar, deste modo nunca saberá quem é você. Se ele for inteligente deixará ela na dúvida a vida inteira (depois de 14 quarteirões pode parar de correr).

6 — Quando a jararaca, perdão, a esposa der o primeiro grito, dê um tapa nele e xingue bastante, faça de conta que você é a namorada e a outra a amante. Quando ela falar que é a esposa, dê mais um tapa nele por ser safado. (Ela cairá direitinho, e quem

sabe se torne sua aliada, afinal de contas ambas estavam sendo enganadas por um cafajeste.)

7 — Finja que você está assaltando o marido, e quando ela começar a gritaria, fale: "Cale essa boca, você não percebe que é um seqüestro relâmpago?" Coloque a mão no bolso ou bolsa e finja que está armada. Para maior realismo, ande até um caixa eletrônico e faça um saque. (Este método é fantástico, você deixa a outra morta de medo, além de não pensar em nenhuma hipótese de que você é a amante, e de quebra leva um dinheirinho para casa.)

8 — Passe mal, desmaie, caia no chão, solte espuma pela boca, finja um daqueles ataques epiléticos da pesada. Ela com certeza esquecerá tudo, a preocupação será maior (somente acorde na ambulância, rumo ao hospital, peça para parar e desça, agradecendo todo mundo e dizendo que já está bem).

9 — Carregue sempre uma bíblia, e comece a falar salmos e versículos. Chame o amante de irmão e grite que nem fanática desvairada: "Aleluia, aleluia".

10 — Assim que ela fizer menção de gritar, bater ou qualquer baixaria, grite com ele: "Eu não vou tirar nosso filho, aliás eu não vou tirar os gêmeos!". Comece a chorar e vá embora (o problema ficou todo com ele, o canalha é ele. O máximo que pode acontecer é que a mulher o mande embora de casa e o faça assumir seus pequenos rebentos; afinal de contas, não era isso que você queria?).

130

Maneiras Inteligentes
de Conquistar um
Homem Comprometido

Capítulo 5

130

Maneiras Inteligentes de Conquistar um Homem Comprometido

1 — Escolha o alvo certo; já que quer conquistar um homem casado, noivo, namorado e mil adjetivos mais, que definem um homem proibido, esteja certa de que o mesmo tenha todas as qualidades, ou ainda mais, do que um homem solteiro.
Existem aproximadamente 6 bilhões de pessoas, das quais cerca de 50% são homens; com certeza um deles será sua cara metade, e não necessariamente precisará ser comprometido.

Se for para sofrer e ser mal-amada, que seja por um homem solteiro. *É inadmissível que uma mulher sofra nas mãos de um homem comprometido. Não se sujeite a isso e procure a felicidade a todo custo.*

2 — Se você se decidiu por um homem nestas condições, **tente saber o básico sobre sua vida**: quanto tempo de relacionamento, situação econômica e, principalmente, se tem filhos.
Algumas das táticas citadas neste livro dependerão da situação familiar do seu amante. Faça de conta que é uma guerra, e quanto mais você conhece o adversário, maiores são suas chances de sair vitoriosa.

Seduzindo um homem comprometido

3 — Existem diferenças abismais entre a conquista de um homem solteiro e um comprometido (a esposa pode ser o grande diferencial).

Seduzir um homem casado requer cuidados especiais, "**sutileza**" é a palavra-chave. Nunca seja direta, pois ele não entenderia.

Conquiste seu amado de uma forma inteligente e criativa. Ele tem de ficar com a sensação de conquistador; afinal de contas, para você não interessa quem conquistou quem, e sim, o fato de no final ficar com ele.

4 — Deverá ser em primeiro lugar uma "**amiga**". Escute mais do que fala, seja sua confidente, conselheira. Ele tem de acreditar que o seu sentimento é verdadeiro (espero que seja) e você é a pessoa que ele estava esperando há muito tempo.

5 — Olhe nos olhos enquanto fala com ele, e mentalize que será seu, diga isso (apenas no pensamento), que o ama, o deseja e está feliz por estar apenas escutando-o (claro, pense nisso se for realmente o que você sente). Você estará inconscientemente sugestionando-o a ficar com você.

6 — Se ele estiver sempre reclamando, triste ou numa crise daquelas, pegue na sua mão e diga (que vai contar tudo para a mulher dele e... esqueça isso, não ajudaria em nada) que tudo vai ser solucionado, para ter fé (seja falsa mesmo). Ele vai lhe agradecer, e, ao retribuir o aperto de mão, tente transmitir todas as vibrações possíveis nesse breve toque.

7 — Conte a seu homem proibido que sonhou com ele (mesmo que não tenha sonhado, um pouquinho de mentira não faz mal a ninguém), e brinque dizendo: "viu, meu inconsciente pensa em você". Se ele perguntar: "apenas o inconsciente?", desconverse ou diga que quem sabe o consciente também...

8 — Nada de beijos muito ardentes ou ir para a cama no primeiro encontro. Deixe passar alguns dias ou até semanas, se o que você quer é um relacionamento sério e duradouro. Além do mais, se ele obteve o que todo

homem quer tão rapidamente, podem acontecer as seguintes hipóteses:

- como não a conhece muito bem e já conseguiu o que queria, para que ir em frente?
- percebe que a esposa é a mulher ideal, já que ela nunca iria para a cama no primeiro encontro (resumindo: que você é uma galinha).

Cuidado com as comparações, principalmente se você não levar vantagem.

9 — Esta não falha: dê um cartão de amizade, diga que está feliz por conhecer um homem como ele. Alguns dizeres poderiam ser:

... fico feliz por conhecer uma pessoinha tão especial, tenho orgulho de ser sua amiga (preste atenção no detalhe: "pessoinha", diminutivo, carinhoso, criancinha, enfim tudo o que um homem quer).

... a felicidade está dentro de você, procure-a, um beijo; sua amiga que lhe quer bem.

... que bom que o conheci, você foi a melhor coisa que me aconteceu nos últimos tempos, espero que eu também tenha sido (e esteja sendo) uma coisa boa na sua vida... obrigada pelo tempo que me dedica, admiro-o por ter essa família maravilhosa, ser um ótimo marido e um superpai, espero encontrar alguém como você (sacanagem mesmo, se você tiver estômago, mande esta).

... sei que você não está fazendo sua esposa feliz e nem está feliz, se isto lhe serve de consolo, eu estou feliz (que filha da mãe, mas pelo menos você está feliz). Um beijo da sua amiga...

10 — Minha querida e desatenta ou sacana amante, nunca assine o cartão, e muito menos coloque data. Diga que você vai levá-lo para sua casa para evitar problemas, com certeza ele vai aceitar e ficará feliz com sua preocupação.

11 — Na fase da sedução, além de fazer o papel de amiga-confidente, você terá que chamar a atenção em relação a elegância e sensualidade. Lembre-se de que tudo entra primeiro pelos olhos, e que uma imagem vale por 1.000 palavras.

A cada encontro, roupas diferentes. Sempre de salto (sempre que a ocasião o permitir); homens adoram mulheres de salto alto.

A roupa não deverá ser escandalosamente sensual, o suficiente para que ele perceba que além de um ótimo caráter, você pode ter um belo corpo (enfim, para que fique com tesão só de olhá-la).

Se não estiver em forma, e quer esconder aquelas gordurinhas indesejadas, tenha a certeza de que existem roupas que combinarão com você. Use as escuras que são as ideais para camuflar os quilinhos a mais (não mais que 100 quilos acima do peso). A esposa do seu amante provavelmente vestirá roupas sensuais em ocasiões especiais, então você pode fazer de cada encontro um momento especial.

12 — Passe um perfume leve, e tome cuidado para que ele não saia do encontro cheirando a você; este poderá ser o último deles, porque ao chegar em casa, não conseguirá explicar à esposa o cheiro que ficou na roupa, no corpo, no carro, no corredor, etc., etc.

Tem que sentir sua discrição desde o momento que é apenas uma amiga.

13 — Se você se mostra tão perfeita, ele vai ficar curioso e vai querer saber por que está sozinha. Diga que é apenas uma opção, que até agora não achou seu príncipe encantado: "tive alguns relacionamentos e me machuquei, estou meio receosa de me envolver" (é melhor dizer isso do que "sou uma chata, ninguém me agüenta"). Conte que foi ferida (não especifique de que maneira); isso o estará alertando para não fazer o mesmo.

Nenhum homem gosta de magoar uma pessoa que sofreu uma decepção. Ele será muito mais cuidadoso e gentil quando souber desse detalhe.

14 — Nunca esconda a idade (tenho 24 anos, quando na realidade tem 42, pega mal), muito menos se é comprometida, mesmo que esteja no começo de um relacionamento sem maiores conseqüências. Assim como você, os homens preferem as pessoas honestas. Se for necessário mentir, diga que está muito mal com seu par, que não estão se entendendo. O fato de ambos estarem vivendo situações similares exercerá um poder de fascínio absoluto.

15 — Se você tiver filhos, o momento para contá-lo é este. O ideal é perguntar se ele também tem, e torcer para que tenha mais do que você.

Caso só você tenha filhos, a probabilidade de sucesso da sua conquista fica sensivelmente diminuída (acima de 4, diria que suas chances são nulas).

16 — Se você não tem filhos e ele sim, faça o seguinte: diga que adora crianças (mesmo que deteste), peça para mostrar alguma foto, com certeza todo pai coruja carrega alguma na carteira, e comente que são lindos (não interessa que pareçam o capeta chupando manga, eles sempre serão adoráveis). Aproveite para dizer que se parecem muito com ele (entendeu a deixa? São lindos... se parecem com ele). Não exagere dizendo que adoraria conhecê-las. Dizer que são lindos é o suficiente. Dê os parabéns pelos belos capetinhas, perdão, filhos.

17 — Se seu grau cultural não for lá essas coisas, cuidado com as palavras. Existem 4 ou 5 gafes que você pode evitar:
- o correto é *problema* e não "poblema" ou "probrema";
- a palavra *menos* não tem feminino;
- você está *meio* cansada, *meio* chateada, *meio* apaixonada e não "meia"; meia só no seu pezinho;
- não existe "seje", o certo é *seja*;
- e se você sai, é para fora, se você sobe é para cima, lembre-se: "Tenho um problema menos grave que o seu. Saí e não o achei. Estou meio triste, tomara que não seja tarde demais". Com sinceridade, se você fala "probrema", "menas", "seje", etc., etc., com certeza, mais do que um amante, está precisando de um professor de português.

Sua rival não é sua inimiga (use os contrários)

18 — Lembre-se: você é a amante, e, portanto, seguindo as machistas leis do mundo em que vivemos, não tem direitos (pelo menos no começo), tem obrigações; então assuma seu papel e tente conviver com isso.

No momento em que aceitou sair com um homem casado, provavelmente já sabia dos prós e contras. A situação em que se encontra, sem importar os motivos, foi criada por você; a felicidade ou infelicidade dependerão exclusivamente da capacidade que tenha em saber ser a amante.

19 — Tente assumir que é amante e conviver com o fato de que "ele" tem uma esposa, "a outra".

O equilíbrio psicológico no começo do relacionamento será fundamental para que no fim ele seja exclusivamente seu.

Aceitar que a pessoa que você ama durma todas as noites com outra mulher não é tarefa das mais fáceis. Mostre essa "pseudo-aceitação"; seu equilíbrio emocional, segurança e paciência são os três pilares fundamentais para conseguir o que uma amante pretende, ou seja, fisgar seu homem (mesmo que você tenha vontade de enforcá-lo por dormir com "a outra" todos os dias, tente se conter, afinal de contas ele já assistiu "Atração Fatal").

20 — A esposa não é sua inimiga (pelo menos no começo). Não fale mal da sua rival, não a critique, ao contrário, quando ele disser que não a agüenta mais, que é uma bruxa (a maioria vai falar muito mal da atual), que não lhe dá carinho, atenção, que na cama é um desastre, diga que não é tão assim, pode estar passando por uma crise (seja hipócrita, minta, se necessário aconselhe-o a tentar arrumar o casamento), quanto melhor você falar da esposa, mais achará que você é a pessoa certa (e que a esposa é o erro). Lembre-se que um dia você poderá virar sua mulherzinha...

21 — Esta dica é muito importante: trabalhe com o fator comparação. Tudo o que tem a fazer é ser ou agir ao contrário da outra, por exemplo: se fumar, você abomina cigarro; se é fria, você é superemotiva, um vulcão em erupção; se a outra é limitada sexualmente, você é o Kama-sutra personificado, e por aí vai. Você tem que ser totalmente diferente da esposa, pois se fosse igual ou parecida não existiria razão para ele procurá-la.

22 — Assim como a esposa tradicionalmente representará o papel de uma dona-de-casa, uma mãe, você deverá exercer o papel contrário (não quer dizer uma desleixada em casa e um horror com as

crianças), o de mulher independente que não precisa de nada e de ninguém, com verdadeira autonomia de decisão.

Maneiras de deixá-lo completamente apaixonado

23 — Mande um cartão ou uma carta (diferente totalmente do enviado na fase de sedução) e coloque em vários idiomas "te amo". Ele vai achar criativo, inteligente e principalmente original (hoje em dia mulheres criativas levam imensa vantagem). Você também pode assinar cada um dos seus cartões ou bilhetinhos com um "te amo" diferente, ele vai adorar.

Lista de "te amo" e onde é usado

TAIM I'NGRA LEAT! — Irlanda
NGA RANG LHA GA BU DU! — Tibete
MI AMAS VIN! — Esperanto
EG ELSKER DEG! — Noruega
MI TA STIMA BO! — Aruba, Curaçau, Bonaire (Papiamento)
TE ADOR! — Romênia
ANATAWO AISHI TEI MASU! — Japão
WO AI NI! — China
SAYA CINTA KAMU! — Indonésia
TECHIHHILA! — Indios Sioux (EUA)
MAHN DOOSTAHT DOH-RAHM! — Irã
IK HOU VAN JOU — Holanda
TI AMO — Itália
SZERETLEK TE'GED! — Hungria
ICH LIEBE DICH! — Alemanha
I LOVE YOU! — Estados Unidos, Inglaterra
TOI YEU EM! — Vietnã
TYE-MELA'NE! — Quênia
ALOHA WAU IA 'OE! — Havaí
SÁYAPO! — Grécia
TORA DOST DARAM! — Pérsia
YA TYEBYA LYUBLYU! — Rússia
NEENU NINNU PRÁMISTU'NNANU! — Índia
JE T'AIME! — França
YO TE AMO — Espanha (e todos os países de língua espanhola)

24 — Não seja a chata do ano, perguntando a toda hora se ele a ama; diga muito que você o ama.

25 — Esta é do fundo do baú, mas funciona: faça um curso de massagens sensuais, de *strip-tease* (sim, existe curso de *strip*), etc., seja diferente. São cursos rápidos e efetivos, com certeza você fará a diferença. Uma mulher que faz gostosas massagens no seu homem tem meio caminho andado para conquistá-lo.

Além do mais, se não funcionar com ele, amanhã você tem pelo menos uma profissão.

26 — Semanalmente, dê um trato no seu visual, mãos, pés (principalmente os pés, que são muitas vezes motivos de adoração de muitos homens), cabelo, limpeza de pele, pois todo homem gosta de uma mulher vaidosa (sem exageros).

27 — Não faça mudanças radicais sem perguntar se está de acordo ou não. Isso não quer dizer que você tem de fazer somente o que ele quer. O fato é que os homens adoram opinar e ainda ser levados em conta. Se não gostar da mudança, ele também terá culpa no cartório.

28 — Existem mudanças radicais que todo homem detesta: uma das clássicas é a que se refere ao cabelo, principalmente se você o tiver até a cintura e aparecer com um curtinho chanel, motivo de briga certa. Por mais que diga: "ficou bom", saiba que se adorava seu cabelo longo, está sendo totalmente educado e falso.

29 — Roupas; com certeza todo homem gosta de uma mulher que sabe vestir-se (e ainda mais se desvestir). Como amante, é sua obrigação se encontrar com ele impecável. Como disse, salto é fundamental, 9 entre 10 encontros você deverá estar usando-os, é sensual e elegante.

Tente se vestir da forma mais feminina possível; saias e vestidos sempre serão uma ótima escolha. Nada de roupa muito larga, tudo que você pôr sempre tem de ter um toque de sensualidade.

Ele tem de sentir um gostinho de quero mais, e quando chegar em casa pensar: "aquilo que é mulher não a.........".

30 — Logicamente que suas roupas terão de acompanhar seu físico. Isso quer dizer que se você estiver uns quilinhos acima do peso, tente disfarçá-los da melhor maneira, usando roupas escuras (de preferência pretas), nada de miniblusas, regatas ou qualquer tipo de peça na qual suas gordurinhas sejam ressaltadas. O salto não tem nada a ver com sua gordura, continue se equilibrando, aliás, usando.

31 — Se você acha que está gordinha (e por mais que ele diga que adora você assim), faça um regime, demonstre que quer ficar bonita, freqüente uma academia de ginástica. Faça-o principalmente por você.

Todos sabemos que a beleza vem de dentro para fora, mas lembre-se: esse tipo de beleza provavelmente ele encontrou na sua esposa, em você será o contrário.

Isso quer dizer que seu exterior tem de ser belo, para assim ter a chance de mostrar seu interior no seu devido tempo (provavelmente depois que ele esteja loucamente apaixonado). Um amigo meu diria "beleza não se põe na mesa, mas também não vamos comer no chão".

32 — Lembre-se que já no primeiro encontro, ele estará vendo em você uma esposa em potencial. Essa avaliação se dá em vários campos: sexual, sentimental, familiar, profissional e cultural. Neste livro, você encontra muitas dicas de como melhorar ou satisfazê-lo nesses aspectos.

33 — Você não necessita fazer nenhum curso de culinária, ou se igualar às qualidades de um *chef* parisiense, que com certeza não será necessariamente pelo estômago que o fisgará (deixe os assuntos de cozinha para a esposa). Mas é importantíssimo que você não seja um desastre na cozinha (saber fritar um ovo, fazer um miojo e um suco de laranja já são um grande passo).

Estará sendo avaliada constantemente; assim como o fator comparação pode ajudá-la a conquistar seu amante, a derrubará se não for o que ele espera.

Recebendo seu amante em casa

34 — Se você tem filhos, sua casa não é o melhor lugar para receber seu amante. Caso insista na empreitada, certifique-se (tenha certeza absoluta de que os pimpolhos não vão chegar a qualquer hora) de que o momento que seria somente de vocês não seja interrompido.

Se você sabe que seus filhos voltam no mesmo dia, esqueça, não marque o encontro na sua casa.

35 — Existem duas maneiras bem diferentes de se comportar se você o recebe na sua casa: a primeira se for de manhã (até a tarde) e a segunda se for à noite.

A roupa, o espírito e a recepção serão de acordo com o horário que ele chegar.

36 — Recebendo seu amante de manhã: em primeiro lugar, não acorde com ele tocando a campainha. Ele vai levar um susto e será uma experiência que não vai querer repetir.

Acorde pelo menos duas horas antes de ele chegar, assim evitará a voz grossa, os olhos e o rosto inchados, os cabelos desarrumados e todas as justificativas que fazem com que uma mulher de manhã não seja um dos grandes espetáculos da Terra (fique tranqüila, porque um homem de manhã também é um horror).

37 — Tome um banho demorado e relaxante, passe cremes, desodorantes, um perfume leve (principalmente por ser de manhã e para ele não ir a outro lugar cheirando a perfume), nenhum penteado extravagante (me pergunto que tipo de penteado extravagante você poderia fazer às 6 da manhã).

Vestimenta: apenas uma delicada *lingerie* e um roupão de seda (não precisa ser seda chinesa, serve de viscose); a simplicidade fará este momento único.

38 — Peça a ele na noite anterior para tomar o café da manhã com você. Encomende, para chegar bem cedo, uma cesta superproduzida, com pães, queijos, frutas, etc. Não esqueça de pedir

duas xícaras com o nome de vocês gravado. Diga que a xícara vai ficar na sua casa esperando por ele (é chantagem psicológica mesmo, não se preocupe).

39 — Não devore a cesta como uma mulher da Etiópia em jejum, lembre-se de que está por vir uma movimentada manhã de amor (afinal de contas viemos para comer ou para... realmente viemos para comer mesmo). Não insista para ele experimentar de tudo, deixe-o à vontade; o importante é o ato (de estar ali com você), e não o fim (comer, comer, comer, e com certeza, se o seu amante mora neste planeta, já viu uma cesta de café da manhã antes).

40 — O quarto deverá estar bem escurinho (cuidado para ele não tropeçar e bater a cabeça no criado-mudo, tendo que acabar sua incrível manhã de amor no pronto-socorro, costurando a testa do seu amado). Deixe o ambiente o mais parecido possível com a noite (a hora mais romântica de se fazer amor). Se necessário, improvise, colocando algo na sua janela, cobertor, lençol (por debaixo da cortina ou persiana).

41 — Nada de ligar a TV, ou rádio, mesmo que seja FM. A maioria das emissoras tem propagandas, ou de em hora em hora passa um noticiário, isso tira o tesão e a concentração de qualquer mortal. Imagine você fazendo amor, enquanto aqueles personagens de desenho animado travam uma incrível batalha pela sobrevivência da Terra; não tem desenho que agüente. Ponha um CD, se possível de músicas em inglês ou outro idioma, tente não pôr músicas em português; essa dica é muito importante e tem vários motivos: pode ter alguma letra de música que o faça lembrar da sua esposa ou de outra mulher, nem todas as músicas terão a ver com a situação que estão vivendo, a concentração e atenção dos dois ficarão prejudicadas e o pensamento pode voar.
O CD tem que ser em inglês e deve conter músicas românticas. Aperte a tecla "repeat", e no final tocará tudo de novo; isso evitará ter que levantar, apertar "play", procurar a música, enfim, perder o tesão.

42 — Minha amante bruxinha, a parte da manhã não é o momento ideal para incensos (aliás, um estudo provou que a fumaça do incenso pode provocar câncer, dá para acreditar? Enfim, sei que não tem nada a ver com as dicas mas...), o recomendado é

um bom, leve e discreto desodorante ambiental, aqueles elétricos, que são ligados à tomada; são uma ótima pedida (cuidado para não levar choque).

43 — Tenha sempre do lado da cama alguns acessórios que demonstrem como você é prática e eficiente (furador de gelo... brincadeira, o momento de demonstrar seu instinto selvagem ainda não chegou). Papel higiênico (não deixe o rolo em cima do criado-mudo, basta deixá-lo escondidinho debaixo da cama, do seu lado), uma jarra com água e gelo, e dois copos (mesmo que seja inverno tem que ter gelo, pois ele pode estar com sede daqui a duas horas).

Se for a primeira visita que faz à sua casa, aproveite para presenteá-lo com um roupão, que ficará junto ao seu, do lado da cama, pronto para ser usado, e, para fechar com chave de ouro, um chinelo (se possível do número dele).

44 — Coloque lençóis e edredons antes de ele chegar; tem que ter cheirinho de amaciante. Não adianta colocá-los à noite, ficam amassados e o gostoso cheirinho de bebê se perde. Para aumentar o "charme", que tal colocar um lençol de seda, combinando com o roupão dele (de preferência, com estampas diferentes, senão você não vai achá-lo na cama, é o chamado Amante Camaleão).

45 — Verifique se sua cama não é barulhenta, isso pode prejudicar a concentração de ambos. Se você já teve experiências nela e sabe dos problemas que causa (barulho, ranger, quebrar), tente consertar. Cuidado para que a cama não bata na parede no momento de fazer amor, ou no guarda-roupa, se for uma daquelas camas embutidas, pois isso é extremamente desagradável para os três (você, ele e o vizinho). Soluções: reforce a cama, coloque um cobertor entre ela e a parede para evitar a batida ou compre uma cama resistente. Fuja das do tipo latão ou de ferro (aquelas parecidas com as de hospital militar), o cric, cric, cric, cric, pode deixar qualquer homem impotente.

46 — Uma vez que tomou todos esses cuidados, tire a roupa dele lentamente, beijando-o com delicadeza, deite-o de bruços e comece

fazendo uma inesquecível massagem nas costas e no resto do corpo (sempre de bruços; se ele virar, pode esquecer da massagem, partirão para os finalmentes). Passe um creme hidratante e, com muita ternura, pressione cada parte do corpo com movimentos circulares, aperte de leve nos lugares onde ele achar mais gostoso: nuca, pescoço, ombros, costas, bunda, coxas e pés, nessa ordem (essa massagem além de ser relaxante será ótima, pois com certeza ele ainda está com um pouco do sono da noite), é capaz de dar uma leve cochilada, mas não se preocupe, quer dizer que o efeito da sua massagem foi 100% eficaz.

47 — Esta pode não ser a primeira vez que faça amor com seu amante, mas esta é a primeira na sua casa.

Aproveite e faça muito mais amor e menos sexo. Seja carinhosa ao extremo, sinta-se dona da situação, afinal de contas ele está no seu terreno, seu campo, dê as cartas, ele tem que sentir uma diferença enorme entre fazer amor no seu quarto e fazer sexo no motel. Sempre na sua casa tem que ser melhor, ele tem que ficar pensando o dia inteiro, como passa bem no seu território, como é bem tratado, enfim, ele não tem que sentir remorsos de deixar sua casa.

48 — Não tente realizar as fantasias mais íntimas neste primeiro encontro (ou primeiros), deixe que seja uma manhã *light*. Beije muito, olhe no olho, ele não pode esquecer toda a felicidade que lhe está sendo proporcionada.

49 — O sexo não precisa ser muito diferente do que o habitual, tem que ser apenas especial, mais sentimento, menos físico. Faça sexo mais exploratório, procure descobrir sensações.

50 — Após fazer amor, tomem banho juntos, seque-o com aquela toalha azul que você comprou exclusivamente para ele, e coloque o roupão lindo que acabou de ganhar.

Deitem juntinhos e coloque sua cabeça no peito dele, deixe que ele a abrace, que se sinta seu protetor; não fale, apenas escute o silêncio desse momento único, e então diga que está grávida, é um ótimo momento para saber se sofre do coração; brincadeira, não faça isso nem com seu pior inimigo.

51 — Já que o clima é o ideal e o momento propício, que tal fazer uma leve mas sincera declaração de amor, dizer tudo o que você sente, e principalmente em como está feliz por poder fazer parte da sua vida.

52 — Não estrague o momento lembrando que é a outra, esqueça, não é a hora nem o lugar, e afinal de contas pense bem, "a outra" é a esposa, pelo menos para você.

53 — Não aproveite o momento para tocar no assunto "separação", e muito menos pergunte se a esposa o trata dessa maneira (não é necessário a comparação, pois será inevitável, e com certeza você sairá ganhando).

54 — Na hora de ir embora, pergunte se quer comer alguma coisa leve, e especifique: quando você diz comer está se referindo a alimentos, um sanduíche, um suco. Se disser que sim, prepare a mesa rapidinho enquanto ele está se vestindo.

55 — Não saiam juntos, não se vista apressadamente (vestir-se ou desnudar-se demoradamente diante do parceiro é muito sensual. Espere ele ir embora. Quando estiver saindo, beije-o suave e amorosamente, diga que o ama (se assim for), ou no mínimo que adorou a manhã, e agradeça dizendo: "obrigada pelo começo de dia mais incrível da minha vida" (desse jeito até eu largaria minha esposa, filhos, cachorro, etc.).

56 — **Recebendo seu amante à noite**: a decoração da sua casa é totalmente diferente do que da manhã; à noite, sim, se presta para velas, incensos (certifique-se de que não seja alérgico ou no mínimo que lhe agradem ambientes esotéricos), um bom vinho, flores, etc. Além do mais, com as velas, economizará energia.

57 — Incensos têm que ser suaves; cuidado: não se deixe levar apenas pela embalagem bonita. Se for necessário compre vários e experimente alguns antecipadamente. Cheiro de terreiro de macumba não deixa nenhum homem empolgado para uma noite de amor.

58 — Velas: cuidado para não provocar um incêndio acendendo-as por toda a casa. Apenas na sala e no quarto são suficientes para dar um toque de romantismo ao ambiente. Se acendeu incensos, não compre velas perfumadas; ficará uma mistura de odores nem sempre agradável. As velas podem ser trabalhadas, artesanais.

59 — A noite se presta para esperá-lo com um bom aperitivo, quem sabe um uísque, umas azeitonas ou canapés. Se estiver frio, um conhaque ou um vinho tinto é uma ótima pedida.

60 — Quando ele entrar na sua casa, a TV não pode estar ligada, o som deve estar tocando uma música romântica, é primordial para um ótimo começo de noite. Lembre-se: a primeira impressão é a que fica. Nunca você terá a segunda chance de dar uma boa primeira impressão (essa é mais velha do que andar para frente).

61 — Certifique-se de que vai jantar na sua casa, vai passar a noite ou voltará para sua casa.

Não perca tempo preparando pratos exóticos, peça algo pronto (num bom restaurante, não queira que seu encontro amoroso seja regado a esfihas). Encomende um bom vinho e faça, isso sim, uma deliciosa sobremesa (a sobremesa caseira sempre é mais gostosa).

62 — Se ele for passar a noite com você, e estiver disposto, podem assistir a um romântico filme de vídeo (evite TV, não imagina o pouco sensual que é fazer amor com um noticiário na telinha); e nada de novelas ou jogo de futebol. Evite também filmes eróticos, pornôs, ainda não é o momento. Não se esqueça que ele a está avaliando o tempo todo.

63 — O quarto deverá estar preparado com os mesmos cuidados da manhã, a luz deverá ser tênue, indireta, no pior dos casos pode ser um abajur com uma lâmpada de no máximo 15 Watts (olha aí você economizando luz de novo). Se possível apenas penumbra. É comum as pessoas no início de qualquer relacionamento ter dificuldade de lidar com a intimidade, ou seja, quanto menos luz, menos se vê.

64 — De madrugada, acorde-o com muito jeito e diga apenas: "te amo, te amo muito, continua sonhando comigo", ele vai adorar, e é bem provável que façam amor novamente (ou que a xingue por tê-lo acordado às 3 da manhã).

20 presentes que ele vai adorar ou detestar

Adorar

65 — Lembre-se que você está dando presentes para um homem casado, isso quer dizer que nem tudo o que ganhar poderá ser usado ou levado para casa, por isso tome cuidado e tenha tato na hora de escolher.
A seguir, algumas dicas de presentes que ele vai adorar e ninguém irá desconfiar.

66 — Nunca acompanhe os presentes com cartões declarando seu amor, ficará desagradável, já que todo mundo sabe que o mesmo nunca chegará em casa e terá que ser jogado fora no primeiro farol ou lata de lixo que aparecer pela frente.

67 — Se ele freqüentar sua casa, três itens são indispensáveis e de muito bom gosto: roupão, um jogo de toalhas personalizado e chinelos.

68 — Para o dia-a-dia, se for do tipo executivo: gravatas discretas (aquelas com desenhos animados e engraçadinhas estão fora de moda). Atenção: apenas dê este tipo de presente depois de saber que é ele quem compra suas próprias gravatas e não sua esposa.

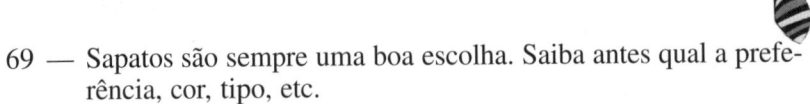

69 — Sapatos são sempre uma boa escolha. Saiba antes qual a preferência, cor, tipo, etc.

70 — Roupas em geral têm alguns inconvenientes: acertar seu gosto, a numeração, ir trocar se não for do agrado; fica um gostinho amargo quando se ganha uma roupa e não se pode usar.

71 — Fitas de vídeo, CD ou livros do seu filme, cantor ou autor preferido, sem dedicatória, por favor.

72 — Aquela garrafa de licor importado de que sempre comenta; lembre-se que, assim como o roupão, a bebida também ficará no

barzinho da sua casa esperando por ele, são as chamadas iscas, que você tem de deixar a toda hora prontas para fisgá-lo.

73 — Se for esportista, tênis, camisetas, regatas são presentes que sempre chegarão em boa hora.

74 — Existem muitos presentes que ele adoraria: carros importados, apartamento, viagem à Europa, relógio de ouro, *notebook*, mas é melhor para segurança de todos e, principalmente, para um relacionamento duradouro, que se evitem presentes caros e impossíveis de se justificar.

Detestar

75 — Dar uma foto sua, ou pior, de vocês num lindo porta-retrato é de um mau gosto incrível. Evite esse constrangimento.

76 — Roupa íntima, cuecas, meias, também estão fora da lista; deixe para que a esposa se preocupe com esses detalhes.

77 — Desista da idéia de dar um celular, porque ele vai sentir que você está querendo seguir os seus passos. O descuido com o uso de celulares tem sido motivo suficiente para acabar com muitos relacionamentos.

78 — Presentes caros, já dissemos, nem pensar; se não tiver como justificá-los, o estará prejudicando.

79 — Senhora amante, falsidade tem limites, então comprar presentinhos para os filhos dele nem pensar. Não tente agradar o homem por esse lado (se bem que a mulher é muito mais fácil de conquistar começando pelas crianças, o homem quer esquecê-los, assim como à esposa, e à sogra, enfim ele quer jogar para os ares toda a bagunça que é sua vida). Vai achar que está sendo hipócrita, e não estará errado.

80 — Mas de muito mau gosto mesmo é comprar alguma coisa para a mulher dele, e ainda dizer: "fala que foi você que comprou".

81 — Nunca dê presentes que possam evidenciar uma falha nele, por exemplo: remédio para emagrecer, vitaminas para ficar forte (ou potente), máquina para fazer abdominal; é melhor dizer diretamente que está gordo, que está faltando um pouco de fôlego e precisa ir a um "spa".

82 — Flores não são uma boa pedida; muitos homens ganham flores e adoram, mas o amante não poderá levá-las para casa. Fica parecendo como que você se presenteou.

83 — Telemensagem. Amante não gosta de receber este tipo de atenção, porque pode ser recebida em qualquer lugar, seja no escritório ou na sua casa (já que ninguém sabe com certeza onde você está na hora de transmiti-la). Ficará com cara de bobo na hora e depois ainda terá de dizer a você que adorou.

84 — Nunca mande entregar uma cesta de café da manhã na casa dele, ou no escritório (resumindo: em nenhum lugar). Na casa dele é o começo do fim do casamento, ou pior, a esposa achará que ganhou uma linda cesta, sem saber que foi financiada pela amante. No escritório, todo mundo vai dizer: "parabéns, ganhou cesta da esposa", ele ficará novamente sem jeito, e as lembranças de Atração Fatal virão à sua mente.

20 dicas de sexo

85 — O caso com sua amante não será medido exclusivamente pelo entrosamento sexual, mas que será muito importante não tenha a menor dúvida.

Se você sexualmente for inferior à esposa, com certeza o caso e a chance de ficarem juntos será quase nula (o que é muito difícil, já que a maioria dos homens infiéis começa procurando alguma coisa diferente na cama, e esse diferente tem de ser necessariamente melhor que a atual).

Então, em matéria de sexo você tem que se superar; lembre-se que neste âmbito você sim tem uma rival.

86 — Tudo tem de acontecer aos poucos; não tente nos primeiros encontros fazer mil e uma posições, berrar, gritar e gemer como

se a estivessem matando, isso pode parecer falso. Contenha-se, estude o seu oponente e descubra o que realmente lhe agrada.

87 — Sempre use preservativo; lembre-se que se o seu amante está traindo a esposa à qual jurou lealdade, fidelidade, imagine que também pode estar fazendo o mesmo com você, com quem quase não tem vínculos. Além da segurança que lhe proporciona, você sabe bem o risco e a seriedade do sexo sem proteção. Quando sentir a proximidade de um momento mais íntimo, sugira a ele a camisinha e tenha uma sempre à mão.

88 — Nem liberal demais, muito menos excessivamente puritana. Faça a diferença, seu intuito é conquistar, será sua a obrigação de dar prazer (isso apenas até que você sinta que o fisgou). Não é necessário ser submissa e sujeitar-se a fazer tudo o que ele deseja, basta apenas tomar a iniciativa e fazer seu amante perceber que você também está sentindo prazer.

89 — Não finja. Os homens percebem (perdão, alguns homens percebem) quando os gemidos e gritinhos são falsos; você corre o risco de não ter outro encontro. Este comportamento demonstra vulgaridade. Seja apenas espontânea e natural.

90 — Se fizer sexo oral, faça-o com camisinha. O prazer pode não ser o mesmo, mas se sentirá muito segura (vai pensar que você se previne do mesmo jeito com outros parceiros, o que realmente deveria acontecer). Caso o faça sem camisinha, nunca engula o esperma, vá ao banheiro e faça discretamente uma lavagem bucal (não precisa fazer gargarejos, o barulho fará com que ele saia correndo).

91 — Esqueça sexo anal no primeiro ou primeiros encontros. Os homens costumam se assustar com mulheres muito liberais, pelo menos no início do relacionamento (novamente aquilo de achar que você faz isso com todos). Tanto pode ajudar como também prejudicar.

Os homens adoram sentir-se especiais; mesmo que saiba que não é o primeiro, ou até o melhor dos amantes, tem que se sentir assim. O sexo anal agrada quase a totalidade deles.

Se você sentir prazer com o sexo anal, espere que o relacionamento esteja maduro, é um prêmio que você vai lhe dar quando achar necessário e justo. Utilize este momento sutil oportunamente para demonstrar o crescimento e maturidade na intimidade de ambos.

92 — Se você tem tendências sadomasoquistas, existem dois caminhos: abrir o jogo no primeiro encontro e esperar a reação dele, ou não falar nada e aos pouquinhos ele ficar sabendo.

Todo homem gosta de dar uma puxadinha de cabelo, uns tapinhas na bunda, fora isso, qualquer outra novidade pode ser encarada como doentia. Tapas na cara por exemplo podem ser inibidores para alguns.

Cuidado para não se entusiasmar demais e partir para a agressão. Uma coisa é que você goste e ele aceite, outra é que você sinta prazer com a dor dele (sadismo). Lembre-se que o sexo bem feito e prazeroso ocorre quando o casal respeita suas preferências, porém não é proibido tentar!

Não deixe marcas de arranhões, chupões, etc.; ele pode achar que foi de propósito.

93 — Se estiver fazendo amor, não fique falando (principalmente nos primeiros 5 minutos): "vai goza, goza, goza para mim", pois dá a impressão que você quer que o momento acabe o mais rápido possível; resumindo, parece que você já não está mais sentindo prazer. Falar muito também pode prejudicar a concentração de ambos. Evite falar depois de fazer amor de forma avaliativa ou crítica como por exemplo: "Foi bom para você?", ou na hora de ele gozar você comentar que amanhã tem hora marcada no cabeleireiro; pode ser um ótimo motivo para ele não voltar mais.

94 — Tente se controlar para não gozar muito rápido enquanto ele faz sexo oral, principalmente se ele adora essa variante sexual. Se necessário, fale para parar um pouquinho porque não quer gozar ainda, além de ser uma ótima maneira de evitar o gozo (precoce), ele vai se sentir ainda mais excitado e aproveitar melhor o momento.

95 — Não force carícias no ânus do seu parceiro se não der nenhum sinal de que sente prazer com esse tipo de carinho. Muitos homens podem gostar até de ser penetrados pela sua parceira (com o dedo), mas é melhor que essa idéia parta dele. Sutilmente e

no momento certo diga que teve um namorado que curtia isso! Espere sua resposta!. Se ele disser "legal", vá em frente; se disser que era um "boiola", pare por aí mesmo.

96 — Nada de acessórios, vibradores, chicotes, etc., até não saber com o que ele realmente sente prazer.

Não assustar seu amante é fundamental nos primeiros encontros. A qualquer momento pode ter uma recaída e achar que a esposa e a "Madre Teresa" têm tudo em comum.

97 — Fale durante a relação, pois a maioria dos homens responde ao estímulo que as palavras provocam. Não seja exageradamente vulgar, mas extravase um pouco além do habitual.

98 — Não seja uma compulsiva sexual logo de cara, isso pode deixá-lo constrangido, já que pode achar que não vai dar conta do recado (lembre-se que seu amante bate ponto em dois lugares). Comece devagar e conquistará o seu espaço.

99 — Seja criativa, faça amor em lugares onde a esposa nunca faria: no elevador ou na garagem do motel antes de subir ao quarto; faça sexo oral no carro numa rua bem escura (cuidado com os assaltos), no banheiro do cinema, etc., ele vai adorar e sentir-se um colegial (se não o for). A criatividade é um fator primordial no sexo. Cuidado para não serem presos por atentado ao pudor.

100 — Não seja radical. Não diga: "nunca vou fazer isto ou aquilo", "isso é nojento", para você pode ser, mas para ele é normal.

Se você não gostar de fazer sexo anal, por exemplo, diga que não é sua posição favorita, mas quem sabe um dia ele até ganhe esse prêmio.

Geralmente as mulheres não gostam de sexo anal por puro preconceito, porque tiveram experiências malsucedidas, com parceiros ou por dor. Procurar a orientação de um terapeuta sexual sempre é uma opção inteligente parar aprimorar e ajudar na sua vida sexual.

101 — Não se submeta a posições indesejadas, que não lhe dêem nenhum prazer, causem dor ou desconforto. Sutilmente mostre a ele como gostaria de fazer sexo.

102 — Para muitos homens "amante" é sinônimo de realização de fantasias; tome cuidado para não ser apenas usada nesse sentido (principalmente se as fantasias não forem do seu agrado). Submeta-se até certo ponto, porém demonstre sua real personalidade.

103 — Se você tiver alguma tendência bissexual, ou experiência anterior com alguma mulher, não o revele nos primeiros encontros. Lembre-se que ele sempre vai estar comparando-a com sua esposa. Tente saber qual a opinião dele.

Tudo o que fugir dos padrões normais referentes a sexo, relacionamento, etc., pode ser assustador.

104 — Beijos e mais beijos, esse é o segredo do homem (e da mulher) que se sente amado. Nunca deixe de beijar enquanto faz amor. Isto é fundamental e tem um sabor especial durante o sexo.

Coisas que você não deverá fazer

105 — Não é necessário utilizar certas armas na conquista (revólver, faca, quebra-gelo, etc.).

Algumas delas poderão se voltar contra você, e a prejudicará. Pressões, manipulações, chantagens, truques, escândalos, na maioria das vezes não funcionam.

106 — Não telefone para a casa do seu amante. Nem para dizer que está com saudades, que o ama, e muito menos para perguntar por que ele não liga. Infelizmente tenho de lhe comunicar que ele não liga porque é casado, e não quer que a esposa descubra que tem uma amante, o que é pior, provavelmente nem pense em se separar (pelo menos por enquanto).

107 — Não ligue e desligue, quando outra pessoa atender. Dessa maneira você estará levantando suspeitas da "outra", fazendo com que fique muito mais esperta. Muito menos use aquele velho truque "Desculpe, é engano".

108 — Não mande outras pessoas ligarem (amigos ou parentes) e pedirem para chamar seu amante.

Não devemos subestimar as esposas, elas são inteligentes como você. Além disso, ele vai ficar sem jeito na hora que ouvir sua voz do outro lado da linha.

109 — Não pense que ligar para o celular é mais seguro. Cuidado se o telefone possui o serviço de identificador de chamadas, o famoso BINA, pois se a esposa atender vai saber o número de onde está vindo a ligação, além disso, os telefones ficam armazenados na memória; se tiver suspeitas, é lá que vai checar.

110 — Mesmo sendo celular, sua ligação pode ser inconveniente. Você não sabe se está na empresa ou na casa, e a sua ligação acabará atrapalhando do mesmo jeito.

111 — Nunca deixe mensagens na caixa postal. A esposa pode ter a senha para acessá-la, e aí vai ser um tremendo problema para todos.

112 — Se a esposa estiver suspeitando que está sendo traída, nada a impede de colocar um identificador de chamadas no seu telefone particular; mesmo que você apenas ligue e desligue, ela saberá quem é.
Nada a impede de grampear o próprio telefone e gravar todas as conversas do marido.

No bip

113 — Não mande muitas mensagens diariamente, mude constantemente o texto. Assim como no celular, a esposa pode estar com o Bip na mão, na hora da sua mensagem. Por isso, nada de romantismo ou marcar encontros. Combine com ele algumas mensagens personalizadas, por meio de senhas que apenas vocês saibam decifrar. Use palavras-chaves. Médico com tesão, por favor levar no motel (por favor, não use nunca essas palavras: Tesão, Motel, Amor, Saudade, em nenhum tipo de mensagem).

No computador

114— E-mail é uma forma segura de se corresponder. Se o computador estiver no escritório (e a esposa não trabalhar junto), não tem problema. Cuidado se receber as mensagens na sua casa, pois se a esposa for atenta vai querer saber quem lhe manda tantos e-mails. Assim como no Bip, use palavras-chaves e mensagens personalizadas.

Cartas

115 — Nada de cartas ou cartões enviados principalmente ao endereço residencial, porque é um risco total e desnecessário. Ele vai odiar, mesmo que esteja escrito que é um Deus.

Outras coisas que ele vai odiar

116 — Pressões de qualquer tipo são uma ótima maneira de espantar um amante. Se realmente quer conquistá-lo, deixe as pressões para quando for realmente seu.

117 — Nada de ser possessiva; terá de se adaptar aos horários e dias, locais que ele determinar para os encontros.

Não imponha, tudo tem de acontecer naturalmente (no pior dos casos, pode dizer que está com saudades, sem pedir nada e pedindo tudo). Lembre-se: a possessividade e o ciúme (falta de confiança) estragam a maioria dos relacionamentos.

118 — Não apareça sem ter avisado: as amantes nunca são uma boa surpresa quando não estão sendo esperadas. Pode criar algum tipo de embaraço.

119 — Não insista para ele visitar seus parentes ou amigos. Por educação pode até ir, mas não é uma situação que o deixará à vontade.

120 — Faça o possível para chegar na hora em todos os seus encontros. Lembre-se de que provavelmente ele fugiu de algum lugar para vê-la, seja do serviço ou da sua esposa, e o tempo é ouro.

121 — Não fique perguntando se a mulher é assim, se faz desse jeito, se é tão linda. O fato de estar sendo infiel não quer dizer

necessariamente que a esposa é um desastre, em muitos aspectos pode ser melhor que você, e até mais bonita (que ódio!!!). Suas comparações poderão estar demonstrando um sentimento de inferioridade em relação a ela.

122 — Não fique emburrada porque a esposa ligou quando estavam juntos. Mostre-se indiferente e nem pergunte quem era.

Ela tem todo o direito de ligar para o marido na hora que quiser, mesmo que isso a magoe. Tente não pegar o celular e arrebentá-lo contra a parede.

123 — Pedir para ele se separar é o erro mais comum das amantes. Além de ouvir muitas vezes sempre a mesma ladainha: "estou tentando", "tenha paciência, falta pouquinho", é um tipo de pressão que os homens detestam.

124 — Pedir dinheiro ou presentes não é indicado, e muito menos recomendável se o que pretende é que ele largue a esposa e a assuma. Esqueça a parte financeira. Agradeça tudo o que ganha (sem pedir) e não exija.

6 grandes motivos pelos quais ele vai ficar com você e não com ela

125 — Beleza. Você é mais linda e talvez muito mais jovem. Se não o for, tem que ficar, fazendo exercícios, regimes, tratamento de beleza, etc. (esse etc. significa: plásticas parciais ou totais).

126 — Inteligência. Você é mais inteligente. Se não o for, faça o possível para esconder a falta de cultura evitando dar opiniões sobre assuntos que desconhece ou usando palavras difíceis. Procure se corrigir, lendo, estudando, fazendo cursos ou participando de palestras, se o tempo permitir.

127 — Organizada. Você é mais caprichosa. Se não o for, o momento é esse. Mantenha tudo limpinho, cheiroso e organizado, assim

como seu visual impecável. Nada de esperá-lo de moletom e chinelo de dedo.

128 — Sexo. Claro que você é melhor de cama. Se não o for, ele está com você porque a esposa deve falhar, e muito, em todos os itens anteriores.

129 — Amiga. Você sabe escutá-lo e dar apoio nos momentos difíceis. Muitos homens procuram uma amante não simplesmente por uma carência sexual, e sim sentimental (eles precisam de um ombro...carência afetiva). Escute mais do que fala; os homens não são muito chegados em mulheres que falam sem parar, e apenas dos seus problemas.

130 — Criatividade. Você é criativa, diferente, imprevisível. Se não o for, esqueça, nunca ficará com você. Esta é a maior das dicas: "seja diferente", surpreenda (sempre positivamente) seu amante a cada dia. Cada encontro tem de ser uma nova aventura. Serão pequenos detalhes que farão uma grande diferença na hora de escolher entre você e "a outra".

Claro que, à medida que você foi lendo este livro, já percebeu que "a outra" é a esposa. Então nada de medos, lute por seu amor se for um sentimento sincero, verdadeiro, não esqueça: você estará destruindo um relacionamento, que era bom ou mau, não importa, a sua responsabilidade será maior do que imagina. Não utilize truques sujos, seja até na hora de lutar pelo amor de um homem proibido. Um dia você poderá se tornar a esposa do seu amante e, com certeza, não gostaria de ser...

... "a outra".

Simpatias para os Amantes

Capítulo 6

Simpatias para os Amantes

Se você é supersticiosa, acredita em duendes, anjos, viagens astrais, provavelmente também acredite em simpatias, afinal de contas, quem um dia não fez uma simpatia, seja para conseguir um trabalho, para arrumar namorado ou...

... se dar bem com o amante.

A seguir, algumas simpatias relacionadas ao universo da infidelidade, sejam para a esposa, a amante ou o próprio marido.

Preste atenção em cada detalhe, faça tudo direitinho e quem sabe não esteja aqui a solução.

Para se livrar de um amante

Muitas mulheres estão sendo usadas por amantes acomodados, que apenas as procuram quando têm vontade. Segundo elas, eles estão cada vez mais folgados mesmo e não querem nem discutir o assunto. Tornaram-se inconvenientes e elas dão graças a Deus por não estarem casadas com eles e poderem se livrar deles com uma boa simpatia.

A primeira providência é dizer a eles que não querem mais continuar o relacinamento. Na certa eles não vão querer perder a "boquinha" e podem aparecer com uma recaída apaixonada, mas você sabe que é passageiro. Assim, sempre que seu amante aparecer, pegue um pires usado e ponha vinagre e sal grosso. Polvilhe pimenta-do-reino por cima, depois coloque debaixo de sua cama, do lado em que você dorme.

Para seu/sua amante voltar para você

Como já dissemos antes, cada um sabe onde lhe aperta o calo. Assim, quando alguém perde uma pessoa, tem duas alternativas: ou se consola ou tenta recuperá-la. Se você acha que vale a pena tentar a segunda hipótese, eis uma simpatia apropriada.

Pegue uma fotografia da pessoa, amarre uma fita vermelha nela, depois a ponha do lado de fora da porta da frente de sua casa, numa noite de Lua Cheia, após as nove horas da noite.

Feche a porta e, puxando a fita, faça a foto passar por debaixo da porta, vinda de fora para dentro. Abra novamente a porta, ponha a fotografia lá fora, depois repita. Faça isso por sete vezes, depois use a foto por sete dias, num bolso próximo do seu coração.

Há registros informando que em menos de sete dias o(a) amante deu notícias, querendo voltar.

Para recuperar amante perdido(a) para outra(o)

Esta simpatia é muito forte e só deve ser usada se o amor que você sente pela outra pessoa compensar os riscos.

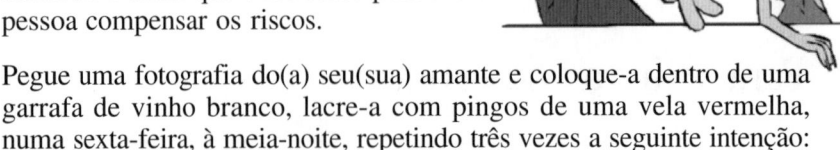

Pegue uma fotografia do(a) seu(sua) amante e coloque-a dentro de uma garrafa de vinho branco, lacre-a com pingos de uma vela vermelha, numa sexta-feira, à meia-noite, repetindo três vezes a seguinte intenção:

**Venha caindo ou andando
Mas de amor despedaçado,
Traga-me seu coração
Pro meu peito apaixonado.**

Deixe-a de ponta-cabeça debaixo de sua cama. Logo ele(a) aparecerá. Quando isso acontecer, dê-lhe um cálice daquele vinho, depois volte a tapar a garrafa e lacrá-la com vela derretida, enterrando de ponta-cabeça do lado de dentro do muro ou cerca de sua casa.

Se morar em apartamento, faça isso num vaso de flores, desde que ele fique do lado de dentro de sua residência.

Nota: Quando se perde um amor para uma outra pessoa, há um componente cósmico nisso tudo, que afirma que você teve a sua cota de felicidade e que agora é o momento de outra pessoa também ter a dela. Interferir nisso é quebrar a harmonia do processo e correr o risco de atrair problemas, ao invés de felicidade. Por isso que se recomenda, nesta simpatia, uma análise sincera e responsável dos riscos que se corre em relação ao benefício que se tem. Por que não aproveitar a chance de tentar de novo, com uma outra pessoa?

Para esquecer um(a) amante

É triste e trágico quando o amor chega ao fim. Talvez porque ele só seja eterno em nossos corações. Se você sofre por causa de uma decepção amorosa e quer esquecer essa pessoa para poder buscar pela pessoa certa, faça esta simpatia muito simples, que consiste no seguinte:

Escreva sete vezes seguidas o nome completo da pessoa em um papel branco, coloque um pedaço de carvão no meio, depois vá à beira de um rio, numa correnteza, e jogue o papel na água. Repita sete vezes em voz alta o seguinte:

Nas curvas deste rio
Entulhos estão parados
O amor da minha vida
Se apagou, hoje é passado.

Para não perder novamente um(a) amante

Se ele ou ela voltou e agora tudo está bem de novo, mas você se sente inseguro(a), temendo que todo esse pesadelo possa voltar a acontecer, deixe as preocupações de lado e faça uma das mais poderosas simpatias de que se tem notícia para esse fim. É conhecida como a Simpatia dos Três Cravos da Cruz de Cristo.

Quando a pessoa voltar, olhe bem os sapatos, tênis ou chinelos que ela está usando.

Na primeira noite de Lua Minguante que tiver pela frente, pegue esse calçado e, com três pregos, pregue um no outro, sola contra sola, com os pregos formando um triângulo invertido, dois pregos em cima, na parte voltada para o salto, e um embaixo, na parte voltada para a ponta dos calçados.

Pendure-os atrás da porta de entrada de sua residência. Deixe por toda a noite, mas lembre-se de retirá-los de lá no dia seguinte, antes do sol nascer. Tire os pregos e pregue-os na porta, no mesmo local onde estiveram os calçados, na mesma formação: dois em cima e um embaixo.

Para não ser traído(a) por amante

A traição deixa você confuso(a). Você nem sequer imaginava que isso poderia acontecer um dia, mas, depois de acontecido, só resta resignar-se porque as lágrimas nada adiantarão.

Assim é no amor. Antes que o mal aconteça, previna-se. Numa sexta-feira de Lua Cheia, pegue uma foto de corpo inteiro de seu (sua) amante, passe mel e junte uma outra sua, da mesma forma, de frente, enrolando uma fita vermelha em forma de cruz. Enterre num jardim ou deixe próximo de um formigueiro.

Nota: Como muitos leitores, também temos curiosidade de procurar entender o significado e o objetivo mágico das simpatias, como é o caso desta, em seu final. Por que enterrar num jardim? Ou por que deixar próximo de um formigueiro? Fizemos estas perguntas a alguns pesquisadores. As respostas foram prontas e unânimes. Enterrar no jardim é dar a esse amor o tratamento de uma flor, num ambiente que é um cenário perfeito de harmonia e belezas (cores, brilho, luz, perfume, etc.), identificando e irmanando cosmicamente esse sentimento entre as duas pessoas com a Natureza. Deixar junto a um formigueiro porque as formigas iriam se alimentar desse mel existente nas fotos, simbolizando a multiplicação daquele sentimento, compartilhado agora por tantos seres que se torna infinito e eterno, porque para sempre no mundo existirá uma criatura viva cuja origem foi aquele amor inicial.

Para manter puro um amor clandestino

Esta é uma simpatia muito curiosa em seus objetivos, demonstrando como a sabedoria popular trata as pessoas como pessoas, com direito a serem felizes, a despeito de como essa felicidade é construída. Para ela, as cordas do destino não são manejadas por nossas mãos, por isso o perdão continua sendo a melhor política. Mesmo um amor clandestino tem direito ao seu toque de pureza, honestidade e sinceridade.

Considerando a delicada situação em que vivem dois amantes, oscilando entre a divindade e o pecado, a cama é o templo onde celebram sua união. Por isso, mantenha-a sempre protegida, pondo sob o colchão um saquinho branco, cheio de sal grosso. Para fazer o saquinho, junte dois pedaços de pano, depois costure com linha branca alinhavando tantas vezes quantas julgar necessário, sem usar nós para arrematar. Para fechar, proceda da mesma forma. Habitue-se a jamais emprestar essa cama para uma visita ou deixar que outros se sentem ou se deitem nela.

Para ter um(a) amante para toda a vida

Tem gente que, quando assume uma situação, aceita correr todos os riscos, mas exige a justa retribuição pela decisão tomada. Há casos registrados de amantes que, por questões diversas, as mais diferentes e todas justificadas, não podiam viver juntos, escolhendo esta situação como a saída para seus problemas. Alguns, em função disso, resolveram usar de uma simpatia poderosa, mas pouco recomendada, para garantir essa paixão para toda a vida, como um casamento feito no plano cósmico.

Se você acha que vale a pena ou que precisa desse tipo de garantia, pegue sete fios de cabelo da pessoa amada e sete fios dos seus. Usando uma agulha virgem, alinhave-os alternadamente, começando pelo da outra pessoa, na barra do vestido, da calça ou do paletó de um defunto que esteja sendo velado. Quando alinhavar o último fio de cabelo, deixe a agulha dentro do caixão.

A simpatia deve ser feita entre a meia-noite e as seis horas da manhã e não deve ser percebida por ninguém. Da mesma forma, jamais deverá ser revelada a ninguém.

Nota: Esta simpatia é uma das mais fortes conhecidas, justamente porque se utiliza de elementos de magia negra. Muita gente pode não acreditar nisso, mas desde a antigüidade isso existe e está aí. Os magos continuam existindo, muitos deles vivendo ocultamente, estudando e desenvolvendo suas práticas que, em sua maioria, remontam a milênios. É o tipo de simpatia que não deve ser utilizada com freqüência, pois todo uso da magia negra desarmoniza a pessoa ou o ambiente em que ela vive. Entretanto, se o caso for justificável, talvez valha a pena arriscar. De qualquer forma, mande rezar missas na intenção da alma do defunto, que involuntariamente se transformou no mensageiro entre o Reino da Vida e o da Morte.

Talismã dos amantes

Há diversas simpatias que são a representação de um casamento realizado no plano cósmico por duas pessoas que se amam e que não podem se unir legalmente. Uma das mais significativas vai buscar na força dos cristais sua essência e seu poder.

Para a primeira noite da Lua Cheia, a mulher deverá providenciar um cristal, o mais puro que conseguir encontrar, de apenas uma ponta. Deverá lavá-lo em água corrente, depois deixá-lo ao sol, num copo com água e sal grosso, por três dias. Ao fim do terceiro dia, antes que o sol se ponha, recolhê-lo num lenço branco de seda, embrulhando-o bem e amarrando-o com uma fita vermelha em cruz, arrematando com um nó laçado.

Na noite de Lua Cheia, no momento em que ela estiver surgindo, a mulher e o homem deverão estar lado a lado, voltados para aquela direção. A mulher desembrulhará o cristal e irá segurá-lo com a mão esquerda aberta, a palma voltada para cima. O homem deverá pousar sua mão direita aberta sobre o cristal e os dois deverão entrelaçar os dedos, de olhos fixos na lua, até que ela tenha nascido.

Após isso, a mulher voltará a embrulhar o cristal, que deverá ser muito bem guardado numa caixa ou gaveta de madeira, sem objetos plásticos ou de metal por perto.

Para manter aceso o fogo do amor

Para quem vive uma situação clandestina, nada pior que o amor feito por obrigação, como se fossem velhos amigos ou estivessem apenas cumprindo uma dolorosa obrigação.

"Se é para viver em pecado, que Deus me perdoe, mas vou fazer o castigo valer a pena!" Esta foi a célebre frase da amante de um rei famoso, quando ameaçaram mandá-la para a fogueira, caso insistisse em seu caso com o rei.

Para quem pensa da mesma forma, uma boa simpatia para manter esse amor sempre aceso é mandar fazer dois anéis com rubis solitários e mais nenhuma pedra.

O presente deve ser entregue na cama, numa sexta-feira de Lua Cheia. O homem deve pôr primeiro o anel no dedo da mulher, depois ela fará o mesmo para ele.

Para um amor secreto não ser descoberto

Se você quer viver seu amor, não importa o preço que tenha que pagar por ele, mas querendo apenas paz e tranqüilidade para aproveitá-lo ao máximo, faça o seguinte:

Vá a um rio e procure uma pedra, no mínimo do tamanho de sua mão, arredondada, sem cantos pontiagudos ou pontos lascados. Leve-a para casa, lave-a bem, escovando para retirar areia ou terra, depois deixe-a dentro de uma panela de vidro, ágata, barro ou ferro, com um punhado de sal grosso, no sol, por três dias.

Quando o sol surgir, exponha-a. À noite, cubra a panela com um pano branco. No fim do terceiro dia, enxugue-a bem.

Espere pela próxima Lua Cheia e no primeiro dia, após as nove horas da noite, escreva seu nome cruzando-o com o da pessoa amada por sete vezes, na base da pedra. Depois, cole bem colado um feltro verde por cima.

Use-a como enfeite diante de um espelho. Sempre que seu amor vier visitá-la, feche a porta do quarto e ponha a pedra escorando-a. Quando ele for embora, volte a pôr diante do espelho.

Para se livrar de amante infiel

Quando uma pessoa arrisca tudo para ficar com outra, o mínimo que pode esperar é respeito e fidelidade. Muita gente, no entanto, tem se decepcionado com isso, sofrendo duplamente com sua situação. Muitas aceitam, por não terem alternativa. Outras, com muita garra e determinação, conseguem pôr um fim nisso, apelando para uma simpatia forte.

Pegue uma foto da pessoa, de preferência de corpo inteiro, e coloque-a no fundo de um prato velho, o mais velho que encontrar. Sobre a foto espalhe sal grosso, pimenta-do-reino em grãos ou qualquer outro tipo de pimenta inteira, salpicando tudo com vinagre depois. Embrulhe em papel alumínio ou plástico e enterre longe de sua casa, em um lugar onde você sabe que nunca irá passar de novo.

Para reconquistar amante perdido

Se você achar que vale a pena investir nessa pessoa ou se não consegue viver sem ela, estando disposto(a) a qualquer sacrifício para isso, faça o seguinte, numa segunda-feira de Lua Crescente:

Ponha um círculo de mel no centro de um pires cuja xícara tenha sido quebrada antes. Dentro do pires pingue sete gotas de leite fresco, depois mais sete de mel. Sobre esse pires, ponha um outro pires por cima, cuja xícara ainda esteja inteira. Os pires ficarão frente a frente. Amarre com uma fita vermelha, formando uma cruz e arrematando com um nó laçado.

Deixe por sete dias debaixo da cama, depois embrulhe em papel laminado e jogue em água corrente de um rio.

Para separar o marido da amante

Como dizemos sempre, cada um sabe onde lhe aperta o calo. Antes de tudo, recomenda-se um criterioso e profundo exame de consciência.

Nesse tipo de situação não se trata de procurar um culpado, porque não existe. Em algum ponto ou momento de suas vidas isso estava decidido.

Pode ser que seja para ele voltar. Pode ser que não. Descubra isso por meio de uma simpatia muito simples.

Se estiver desconfiada de alguma coisa, comece a lavar as roupas de seu marido sempre deixando-as de molho de um dia para o outro com uma xícara de café e sete pedrinhas de sal grosso. Quando lavar, acrescente na água da última enxaguada sete gotinhas de seu perfume preferido.

Faça por sete dias seguidos. Se conseguir segurar-se e deixar para iniciar numa sexta-feira, após as nove da noite, melhor ainda. Se for Lua Minguante, ainda melhor.

Para que seu marido não procure outra

A questão toda reside nesse ponto: agir de forma que ele não tenha que procurar outra. Como? O marido é seu, você deve conhecê-lo e saber o que o agrada. É só não deixá-lo ir procurar o que o agrada lá fora.

Se quiser uma simpatia para ajudar, há muitas delas. Uma das mais eficientes é a seguinte:

Além de estar sempre atenta ao seu marido, demonstrando constantemente o quanto o ama e precisa dele, mas de uma forma agradável, sem ser "pegajosa", toda sexta-feira, antes de o sol nascer, misture um pouquinho de açúcar com bolinhas de miolo de pão, depois coloque num pires branco, onde já estará depositada a fotografia de seu amado maridão.

Leve tudo para uma janela para pegar o sol que nasce. Assim que o sol tiver saído todo acima da linha do horizonte, vá esparramar o açúcar e o miolo de pão ao redor de um formigueiro em seu quintal.

Se morar em apartamento, espalhe junto ao pé da cama do lado em que ele dorme. Deixe por 7 minutos no máximo, depois recolha e jogue em água corrente.

Lembrar sempre que ao espalhar o miolo de pão adoçado, ele deve ser posto ao redor da entrada do formigueiro e não dentro. Além disso, ao jogar qualquer coisa em água corrente, primeiro abra a torneira, deixe a água começar a escorrer e só então jogue o que tem que jogar.

Para a amante ver o amado sempre que desejar

O grande drama da amante é a vida que ela perde esperando seu amado aparecer. Nem sempre ele está liberado. Ela conta os minutos, enquanto espera e nada de ele aparecer.

Passa uma noite, passa outra, ela se desespera. Não pode ir ao encontro dele, não pode ligar. Se algo acontecer a ele, ela talvez só saiba muito depois.

É uma vida que apenas muito amor é capaz de dar forças para alguém suportar.

Para "chamar" seu amor e fazer com que ele apareça o mais depressa possível, pegue uma foto dele, ponha-a sobre um pires branco, acenda uma vela branca no interior do pires e espalhe mel e umas gotas de seu perfume preferido ao redor da vela.

Deixe queimar próximo de uma janela aberta, tomando cuidado de prender a cortina, para que não haja perigo do vento derrubar a vela.

Para tomar de volta o marido da amante

Esta é uma simpatia drástica, porque já parte do pressuposto que a esposa deseja o marido de volta de qualquer jeito e não mede as conseqüências para isso.

Nada do que se diga a fará mudar de idéia. Ela tem seus motivos e pronto! Só podemos aconselhá-la a usar a seguinte simpatia:

Numa sexta-feira de Lua Minguante, à meia-noite em ponto, pegue uma fita branca e larga e escreva nela sete vezes o nome do marido, junto com o nome da amante, um numa beirada da fita, outro na outra, de forma que se você cortar a fita ao meio, de fora a fora, separará os dois nomes.

Pendure essa fita atrás da porta de seu quarto. A partir do dia seguinte, sempre que se levantar, corte um pedaço da fita, separando o nome do marido e da amante. Depois corte ao meio esse pedaço, separando os dois.

Guarde o pedaço com o nome do marido sob o colchão no lado dele da cama. Ao acender o fogo para fazer o café, queime o pedaço de fita com o nome dela, jogando em água corrente.

Em sete dias ele estará de volta. Alguns registros são categóricos em afirmar que não valeu a pena. Só que não há como desmanchar esta simpatia.

Para aumentar o fogo do amante

Esta simpatia é, no mínimo, curiosa, pois busca evitar que a mulher venha a separar o marido da amante, fazendo-o ficar alucinado por causa dela.

Logicamente, esta simpatia é reservada para a amante fazer, e é bem simples.

Quando o homem estiver dormindo, após terem feito amor, ela deve tirar um fio de pêlo do púbis dele, pôr numa agulha virgem e atravessar uma pimenta bem ardida com a agulha, de forma que o pêlo ultrapasse a pimenta, ficando, porém, preso a ela, com uma ponta de cada lado.

Em seguida, ela deve introduzir a agulha no interior da pimenta, pela parte de trás (do cabinho da pimenta). Após isso, enfiá-la num buraco em um toco de pau, tronco de árvore ou mesmo buraco na parede. Dizem que é infalível e que o marido não quer mais saber da esposa depois disso.

Os sete pecados capitais

1 — Pedir a ele insistentemente que deixe a esposa.

2 — Ameaçar contar tudo a esposa se não ficar com você.

3 — Mandar cartas ou telefonar para a esposa e contar que o marido tem uma amante.

4 — Manchar propositalmente com batom aquela camisa clara.

5 — Colocar no bolso do paletó um bilhetinho sem ele saber.

6 — Ficar grávida para ele largar a mulher e ficar com você.

7 — Arranjar um namorado, apenas para provocar ciúmes.

Especial para as Esposas:
Como se defender de uma Amante

Capítulo 7

Especial para as Esposas:
Como se Defender de uma Amante

Em primeiro lugar, minha cara e traída esposa, você deverá estar completamente segura de que quer salvar seu casamento, e essa salvação deverá ser por amor, amor de coração, não amor-próprio.

Não se esqueça que "a outra" no caso agora é você, e como tal deverá mudar muita coisa na vida do casal para manter a união.

Nesta batalha não haverá nem vencidos nem vencedores, aliás, todos poderão ser considerados perdedores, já que as seqüelas de um caso extraconjugal serão provavelmente irremediáveis.

Em primeiro lugar, você deverá saber qual a gravidade do seu caso; eis aqui oito perguntas que deverá responder:

1. Quanto tempo você tem de casada?
2. Há quanto tempo seu marido tem um caso?
3. Quantos anos tem a amante do seu marido?
4. Qual a situação financeira da amante?
5. Como é ou era o relacionamento com seu marido até o momento de ele começar com o caso?

6. Como ficou o relacionamento depois que você descobriu que ele tinha um caso?
7. Que atitudes você tomou quando descobriu tudo?
8. E como fazer para assassinar a amante e não ser pega?

Este último ponto pode ser desconsiderado.

Pense, reflita e responda com sinceridade a todas estas questões; nas suas respostas estará a possível salvação do seu casamento.

Vejamos a seguinte tabela:

Tempo de Casada	Tempo de Caso	Grau de Salvação
Até 1 ano	Menos de 3 meses	90%
De 1 a 3 anos	Menos de 1 ano	70%
De 1 a 3 anos	Mais de 1 ano	50%
De 3 a 5 anos	Menos de 1 ano	75%
De 3 a 5 anos	Mais de 1 ano	50%
De 3 a 5 anos	Mais de 2 anos	25%
Acima de 5 anos	Menos de 1 ano	75%
Acima de 5 anos	De 4 anos a mais	75%

Os números acima, apesar de em alguns aspectos parecerem contraditórios, são simples de explicar:

Se você está casada a menos de 1 ano e seu marido tem um caso de menos de 3 meses, as chances de o caso não dar em nada são quase que totais; dependerá exclusivamente das suas atitudes, já que em menos de 3 meses é praticamente impossível que seu marido esteja amando outra mulher loucamente, a ponto de jogar tudo para o ar. Mude o que for necessário e fique tranqüila porque as chances são todas suas.

Quando seu casamento tem de 1 a 3 anos, e o caso, menos de 1 ano, as chances de salvação ainda são grandes, não tanto quanto no primeiro caso, o que conta que seu marido conhece bem a esposa que tem, com 1 ano ou 3 anos de relacionamento, e ele saberá o que pode perder; se você mostrar suas qualidades, conseguirá vencer a amante.

No mesmo caso (1 a 3 anos de casamento), mas quando a amante tem mais de 1 ano com seu marido, as probabilidades de o seu marido ficar com a amante são iguais às de ficar com você, os motivos são simples: ele conhece muito bem a amante e ainda está com ela, o fator comparação será fundamental.

Estando casado há mais de 3 anos e menos de 5, e se seu marido tem um caso há menos de um ano, é possível que seu casamento ainda tenha uma saída. Aqui, como no caso anterior, o fator comparação, tempo de relacionamento, são fundamentais; quanto menos tempo tem o caso dele, maiores são suas chances de conseguir sucesso, ou seja, de salvar seu casamento. Observando a mesma tabela e comparando o tempo de duração do caso podemos ver que, quanto mais tempo dura a relação com a "outra", menores são as chances de manter o relacionamento com a esposa. Com mais de um ano de caso, as probabilidades são iguais. Agora quando o caso tem mais de 2 anos, o perigo é total. É lógico que se seu marido tem uma amante há mais de 2 anos é porque tem um significado todo especial, é um caso, um relacionamento paralelo, que provavelmente ele não queira destruir, senão já o teria feito.

Quando o casamento tem mais de 5 anos, e seu marido tem uma amante há menos de 1 ano, ou até mais de 4 (isso quer dizer que praticamente casou com você e com ela ao mesmo tempo), as chances de manter o casamento ainda são todas suas. Em primeiro lugar porque os homens raramente arriscam um relacionamento de mais de 5 anos por algo novo, que provavelmente lhe transmita insegurança (já que a amante sempre vai ser motivo de insegurança para os homens). Se o relacionamento com a amante se arrasta por muitos anos, é porque ele não quer se separar, o matrimônio não será ameaçado, mais você terá que lutar muito para conseguir separá-lo da sua sócia, desculpe, rival.

Agora se seu casamento tem entre 10 e 20 anos, e ele tem uma amante mais nova entre 15 e 25 anos, e o caso deles dura de 7 a 8 anos, e ele tem entre 50 e 60 anos, e ainda você tem entre 40 e 50 anos, e ele já teve outra amante há mais ou menos 10 ou 12 anos, e ficou com ela pelo menos por 2 a 3 anos, isso quer dizer...

... do que estávamos falando mesmo? Deixa pra lá, isso quer dizer que você tem uma ótima memória, é muito boa em matemática e seu marido é um tremendo safado.

A sua grande arma

Há uma arma ou uma vantagem que a esposa sempre vai ter em relação à amante: segurança (pensou que fosse dizer bazuca?).

Segurança que você lhe transmite por fazer parte de um relacionamento ideal para os padrões da sociedade moderna.

Você namorou, noivou, casou (ou juntou) da maneira mais pura e limpa possível.

A sua rival entrou pela porta dos fundos, enganando, se sujeitando a dividir uma pessoa, deixando para sempre no homem a impressão de que sendo a amante dele, poderá ser a amante de outro.

Os homens têm medo de grandes mudanças, e a insegurança é um motivo mais do que suficiente para nunca abandonar seu lar, seu relacionamento, enfim, sua esposa, que nem sempre ele ama, mas sabe que é respeitado, querido e cuidado.

Mudar a certeza pela incerteza não é a opção feita pela maioria dos homens.

Aproveite esse ponto fraco dos homens: "a segurança que você lhe transmite amante nenhuma lhe oferecerá".

Conhecendo o adversário

Assim como numa partida de futebol, não adianta nada planejar ou fazer grandes estratégias, se não se sabe como o adversário joga.

Numa guerra também é necessário saber as táticas e os armamentos do nosso rival.

No amor ocorre a mesma situação; você deverá saber quem é sua rival, sua adversária, o que ela pensa, o que ela faz, e principalmente o que ela fez para fisgar seu marido.

Lembre-se: é muito difícil enfrentar uma amante, e se este adversário for desconhecido ainda mais.

Existem duas possibilidades: que você saiba quem é (quase sempre alguma conhecida do serviço, do prédio ou porque não até alguma amiga), e aí a tarefa investigativa fica bem mais fácil, apesar de a decepção ser bem maior. A outra é que a amante seja uma completa desconhecida, aí vai valer seu poder de persuasão frente ao seu marido.

Se a amante for uma completa desconhecida, lembre-se que a maior fonte de informações é seu próprio esposo.

Você não poderá nem deverá chegar e pedir uma ficha completa da "amante".

Tudo deverá ser feito aos poucos, as informações mais importantes pela sua ordem são:

- tempo de caso;
- idade;
- profissão ou grau de escolaridade;
- condição social e sentimental (se também é casada ou não).

Depois você precisa de informações do tipo:

- onde e como a conheceu;
- qual a freqüência dos encontros;
- o que ele sente por ela.

De posse de todas ou da maioria destas informações, você terá uma sólida base para enfrentar sua inimiga.

Serão diferentes as táticas de defesa a empregar, cada uma delas de acordo com o padrão da filha da... (perdão, me empolguei) da amante.

Se ela for mais nova, provavelmente o fator estético está influenciando. Se for mais velha, pode ser o fator cabeça. Se tiver a mesma idade, a vontade de experimentar algo novo (apesar de que essa vontade pode surgir com pessoas mais velhas ou novas).

Em todos os casos, apenas uma mudança sua de atitude, caráter ou até fachada será primordial para conseguir manter o casamento.

As mudanças de fachadas são mais fáceis que as de caráter, mas têm que ser muito sutis.

Você não pode de um dia para outro querer fazer uma mudança total, de morena para loira, de roupas comportadas a minúsculas minissaias; passo a passo você pode mudar seu visual, sem agredir sua própria imagem.

Além do mais, mudanças rápidas quase sempre são forçadas e não duram o tempo necessário para fazer o efeito desejado.

É importante que você saiba qual a condição social, sentimental e profissional da sua rival. Isso poderá lhe ser muito útil, principalmente se o grau de escolaridade dela for inferior ao seu; caso a outra seja formada, inteligente, bem-sucedida, linda, carinhosa, amiga, excelente amante, pergunte a ela se tem um irmão, já que as chances de vencer essa luta ficam sensivelmente diminuídas (por que não, totalmente) a seu favor.

Homens gostam de mulheres inteligentes e carinhosas; nesse caso, a amante não é necessariamente mais bonita que a própria esposa. Eles gostam do interior, e esse é o maior perigo.

Não adianta nada voltar a estudar, procurar emprego (eis aqui outro fator que os homens adoram: se você é apenas dona-de-casa e a outra é uma profissional liberal ou, pior, tem seu próprio negócio, ele vai se sentir extremamente atraído por essa situação). Neste caso a solução é procurar por defeitos na outra pessoa, se é que os tem.

Lembre-se que o fato de ela ser amante já pode ser considerado um defeito, então se apegue a esse fato. Você nunca se sujeitaria a ser amante ("será?").

O lugar onde se conheceram, há quanto tempo e o que sentem um pelo outro serão informações vitais, e assim saberá como enfrentar as situações que ainda estão por vir.

O fato de você descobrir que ele tem uma amante não significa necessariamente que ele vai deixá-la ou se separar. Muitas vezes seu par vai manter as duas relações por algum tempo até se decidir com quem irá ficar.

Mesmo que ele diga que dentro de pouco tempo ficará com a amante, mas continuem morando sob o mesmo teto, suas chances de manter o relacionamento são maiores ainda que as da amante. O fator convivência, dormir na mesma cama ou pelo menos na mesma casa, serão pontos a seu favor na hora de armar uma tática de guerra.

Provavelmente o seguinte fato já aconteceu com você, principalmente no tempo de namoro:

Seu namorado pede um tempo (diz indiretamente que não quer ficar mais com você) e a partir daí começa sua peregrinação, tentando que ele não a deixe. São telefonemas, cartinhas, tudo isso entre muitas lágrimas e pedidos de por favor da sua parte para que ele fique com você. De nada adianta, porque depois de um tempo cada um segue seu caminho; você se conforma, e como o tempo sempre ajuda, você o esquece, pára de ligar, de mandar bilhetes, de implorar ou pedir por favor.

Então acontece a mágica: um dia você recebe um telefonema, e para sua surpresa é ele.

Com a maior cara de pau, seu "ex" pergunta como você está e brinca se já o esqueceu. Você, apesar da sua alegria interna e por causa da dor passada, o trata de forma indiferente. No fim da conversa, ele diz para você ligar, marcar para tomar um chopinho. Você diz que vai ligar, sim, só que não liga.

Alguns dias depois, o telefone toca, e é ele novamente, cobrando por que você não ligou. A partir daí, começa o que nós homens podemos chamar de o amargo jogo da indiferença.

Numa próxima ligação, ele vai pedir por favor para vê-la, porque tem coisas muito importantes para dizer (entre elas, que te ama, que foi erro se separar, etc.), coisas que às vezes serão ditas tarde demais e para você já não têm nenhuma importância.

Com isto quero dizer que, no seu caso, a pressão deve ser feita sempre pela amante. Você apenas escuta e aceita com indiferença a decisão que ele tomar.

Mesmo ele saindo de casa, as chances de voltar com você são surpreendentemente altas, se a esposa não fizer escândalos, implorar ou fizer ameaças.

Seu parceiro ficará intrigado com o fato de você não gritar, espernear, xingá-lo, e vai ficar desconfiado da sua atitude, chegando a pensar inclusive que você também está interessada em outra pessoa.

Imagine você dizer para ele que também vai procurar a pessoa ideal, aquela que a compreenda, a cuide e, principalmente, a ame como ele não estava conseguindo fazer.

Homens detestam mulheres escandalosas, que imploram, ameaçam ou se mostram impotentes e demasiado dependentes do seu marido.

Mostre-se forte, decidida, resignada e certa de que conseguirá ser feliz sem ele (mesmo que não consiga, ele tem que achar isto). Dessa maneira é provável que consiga salvar seu relacionamento.

10 coisas que você não deve fazer com a amante

1. Xingar.
2. Bater/ Estrangular.
3. Despacho de macumba.
4. "Jogar" dizendo que ela é mais uma e que o casamento não está abalado.
5. Atropelar com seu carro.
6. Ameaçar de morte.
7. Cumprir a ameaça de morte.
8. Chegar na frente dela e começar a chorar.
9. Pedir por favor para deixar seu marido.
10. Dizer para ela que tenha pena dos seus filhos.

10 coisas que você deverá fazer para ser melhor que "ela"

1. Vestir-se melhor.
2. Ser melhor de cama.
3. Estar em melhor forma física.
4. Ser mais inteligente.
5. Falar menos e escutar mais.
6. Esquecer um pouco o ciúme.
7. Não interromper o final do filme com uma pergunta boba.
8. Não implicar com pequenas coisas (toalha molhada, copo sujo, etc.).
9. Sair da monotonia em todos os aspectos (sexual, social, etc.).
10. Ser mais doce ou carinhosa se até agora não o era.

Será que seu esposo tem uma amante? Será que suas suspeitas são verdadeiras? A seguir, algumas dicas que vão evidenciar se seu marido a está traindo.

Os sintomas do marido infiel

1 — Marido que é infiel e inteligente ao mesmo tempo (sim, existem homens inteligentes) vai negar tudo; quando ele disser "você está louca", é porque há alguma louca na parada e não é precisamente você.

2 — Chegar tarde. Este sempre vai ser motivo de suspeita. Uma vez por semana ainda é justificável; 3 vezes, fique esperta; 5 vezes tarde na semana... assim que chegar cheire o cangote do safado.

3 — Chegar tarde e com os cabelos molhados, cheirando a perfume de mulher. Castre-o.

4 — O telefone toca, você atende e desligam na sua cara; se isso acontecer várias vezes ao dia, é caso na certa. Coloque um identificador de chamadas; o seu marido continuará infiel, mas pelo menos você terá o telefone da filha da mãe.

5 — Se ele era um desleixado daqueles, e de repente transforma-se num supercuidadoso, suspeite. Quando ele disser: "eu acho que estou gordo, vou freqüentar a academia", torça o nariz, tem outra na parada.

6 — Se a presentear com velas perfumadas, sabendo que é alérgica, com bombons e você é diabética, com um fio dental sendo que você se acha uma baleia ambulante, suspeite: com certeza esses presentes não seriam para você. Se ele lhe der um sapato 34 e você calça 37, faça engoli-los.

7 — Viagens constantes de negócios. Essa é para tomar cuidado, principalmente se ele sair contente e voltar ainda mais. Se na mala dele você encontrar uma calcinha, fique tranqüila porque ele não viajará mais, afinal de contas, mortos não viajam.

8 — Gastos exagerados. De uma hora para outra, não sobra dinheiro para nada. Quando você diz que o papel higiênico acabou e ele comenta se ainda tem guardanapos ou papel-toalha é porque o

negócio está grave. Se no cartão vier um gasto de mais ou menos uns 2 mil dólares em produtos ou serviços que você não usufruiu é porque... alguém está muuuuuuuuuuuuito feliz.

9 — Cheiro de desodorante ambiental na sua casa. Sim, o bom ar, pode significar que antes de você chegar na sua casinha tinha um mau ar. Ele sempre vai querer encobrir o cheiro do pecado (pecado tem cheiro?) com algum perfume, pode ser desodorante ambiental, incenso, velas, qualquer coisa para você não sentir o cheiro da fedorenta da amante.

10 — Falta de apetite sexual ou exagerado apetite sexual. Como isto se explica? Se a amante for daquelas ninfomaníacas de plantão, ele com certeza vai negar fogo na hora H; nessa hora você dança, pois o safado vai preterir você. Se ele de uma hora para outra fizer mais sexo que um coelho no cio, cuidado, não é necessariamente porque cada dia sinta mais tesão por você, e sim porque se excita com o fato de ter uma amante. Resumindo: não bateu cartão, bata com a panela na cabeça dele; bateu o ponto em demasia... arrebente a cabeça com a panela (de preferência maior que a outra).

11 — De repente começa achar sua mãe uma gracinha, a mesma sogra que ele chamava de velha bruxa uns meses atrás, lava a cueca, e pendura a toalha no banheiro após o banho. Se no domingo pedir para irem à missa juntos é porque o remorso o está matando; assim que você descobrir tudo, será outra pessoa que o estará matando.

Realmente seu marido pode ter alguns destes sintomas e ainda assim não ser um traidor, então fique tranqüila, apesar de que...

... o cafajeste pode não ter nenhum destes sintomas e mesmo assim ter uma amante.

Como última e grande dica, que funciona tanto para homens e mulheres:

Se ele tiver uma amante, vai diminuir os beijos na boca. Na sua boca, porque na boca da amante vão aumentar.

Especial para os Homens:
Como Saber se Está Sendo Traído

CAPÍTULO 8

Especial para os Homens: Como Saber se Está Sendo Traído

Já falei de amantes, de esposos traidores, de mulheres traídas, de como conquistar um homem proibido, de como se defender de uma amante. Faltava algo para os homens, mas que, sem dúvida, vai auxiliar as mulheres a não cometerem as tradicionais mancadas de traidoras de primeira, segunda ou décima viagem.

Não somente os homens enganam, algumas mulheres são ótimas traidoras, e até melhor que nós, nesta arte que também dominam.

Se você mulher se identifica com algum dos sintomas que vem a seguir, eu lhe aconselho, não deixe este livro perto do seu marido.

Você, homem, faça um balanço do seu casamento, e de acordo com os resultados saberá se é traído ou não.

Regras da Pesquisa:

Entrevistou-se mulheres na faixa etária compreendida entre 18 e 65 anos. A amostragem compreendeu o período de janeiro a outubro de 2002, na cidade de São Paulo, com aplicação de 250 questionários.

1 — CARINHOSO: 25%
2 — BOM PAI: 21%
3 — TRABALHADOR: 17%
4 — FIEL: 13%
5 — BOM DE CAMA: 10%
6 — AMIGO: 7%
7 — INTELIGENTE: 4%
8 — SABE ESCUTAR: 1%
9 — AJUDA EM CASA: 1%
10 — ARRUMADO, BONITO: 1%

10 Virtudes de um Bom Marido

1. Se você acha que tem a maioria dessas qualidades...

    ...então fique tranqüilo, raramente será traído.

2. Você tem apenas algumas qualidades...

    ...fique um pouquinho preocupado.

3. Você não tem quase nenhuma dessas qualidades...

    ...você é um corno em potencial.

4. Você tem todas as qualidades acima, menos a de ser bom de cama...

    ...potencialmente tem grandes chances de ser corno...

Lembre-se, todas as qualidades acima são consideradas inúteis, se você for um desastre na cama.

5. Se você se considera um bom marido, carinhoso, que cuida dos meninos, mas na cama não tem ereção, ou goza em 30 segundos (ejaculação precoce), as chances de que um dia sua esposa lhe seja infiel são altas. Procure ajuda... uma terapia seria útil.

6. Não existe o homem perfeito, e mesmo existindo pode ser traído; o ideal é ser bom em tudo (o que geralmente não ocorre), e não o melhor em algumas coisas.

    Uma crise econômica pode ser fator para traição, o desemprego, por exemplo, pode fazer sua auto-estima entrar em queda livre.

    Não quer dizer necessariamente que sua esposa é interesseira, mas que, se sua guarda fica baixa, é provável que alguém se aproveite desse momento, e ela não resista (já imaginou você desempregado, duro e corno, SOCORROOOOOO!!!).

7. O grande trunfo dos amantes é o fator comparação, no qual sempre ganham dos maridos; daí a razão da sua existência.
8. Por exemplo: se você está desempregado e ele é bem-sucedido economicamente, se você é frio ele é carinhoso, se você é ruim de cama ele é ótimo, qualquer tipo de crise que estiver vivendo no casamento pode ser motivo para traição, desde a falta de carinho, dinheiro ou divergências sexuais.
9. Uma mulher feliz sexualmente raramente trai seu homem, quando o faz é porque o outro é tão bom ou melhor que ele, e ainda tem outras qualidades não encontradas no marido.
10. Ser bom de cama é um dos fatores principais para não ser traído, porém para a mulher não é o único.

10 Defeitos de um Mau Marido

1 — NÃO É CARINHOSO: 26%
2 — É RUIM DE CAMA: 23%
3 — É INFIEL: 16%
4 — CHEGA TARDE EM CASA: 13%
5 — NÃO GOSTA DE TRABALHAR: 10%
6 — NÃO SE IMPORTA COM OS FILHOS: 6%
7 — NÃO SE IMPORTA COM A CASA: 2%
8 — DESLEIXADO, SEM VAIDADE: 2%
9 — É CIUMENTO: 1%
10 — NÃO GOSTA DA SUA FAMÍLIA: 1%

De acordo com os resultados (a maioria deles é o contrário das virtudes), se você se encaixa em alguns destes itens, corre o risco também de ser traído.

Se você se acha o garanhão, cheio das menininhas, contando vantagens, tome cuidado; o feitiço pode virar contra o feiticeiro.

A grande virtude da mulher, em relação ao homem, é que ninguém sabe que ela está sendo infiel, nem sua melhor amiga; os homens, se pudessem, o publicariam em todos os jornais.

Para alguns homens trair é uma virtude; para a mulher, é o meio mais curto, fácil e prazeroso de encontrar um homem que a faça mais feliz que você. Portanto, não se vanglorie do fato de ser homem!

Nas respostas anteriores, alguns dados curiosos e totalmente previsíveis, o chegar tarde em casa continua sendo através de todos os tempos um dos motivos que mais causa brigas entre os casais.

O ciúme no namoro é mais tolerável que no casamento; no segundo caso, vira sinônimo de desconfiança, coisa que a mulher fiel detesta.

Gostar da família dela a deixa tranqüila, feliz e propensa a gostar muito mais de você.

É muito difícil manter um relacionamento 100% feliz, quando não houver um mínimo de afinidade com a família dela.

Coisas a Fazer para "Evitar" a Traição

Em primeiro lugar: Abra os Olhos

Quantos anos você tem?

Agora responda quantos anos parece que tem?

Se o número da segunda resposta for maior que o da primeira, está na hora de tomar algumas atitudes.

Tem de existir um equilíbrio entre peso, altura e massa corpórea. Portanto, eis algumas dicas:

1 — Freqüente uma academia de ginástica, os resultados chegarão de acordo com sua idade. Fazendo exercícios 3 vezes por semana, durante 1 hora e meia, de 4 a 6 meses, observará ótimos resultados.

   Os exercícios deverão ser, logicamente, orientados por um profissional. A maioria das vezes será uma mistura de ginástica aeróbica com musculação. Peça para seu personal trainer lhe dar uma série que trabalhe suas deficiências, seja braço, peito ou costas. Se a grana estiver curta, longas caminhadas no final de semana são o melhor dos exercícios. Lembre-se de que sua missão não é se transformar num Arnold Schwazneger, e sim numa pessoa em boa forma física.

2 — Mude um pouco seu visual, visite um bom cabeleireiro (fuja dos que cobram R$ 2,00), aproveite e faça uma limpeza de pele, unhas, uma recauchutagem completa; ao entrar em casa, ela tem que dizer: UAU!!!.

Troque de óculos, compre roupas novas, não precisam ser caras nem muito diferentes das que usa habitualmente; provavelmente ela está cansada de vê-lo sempre com aquela velha camisa xadrez ou a calça jeans desbotada.

3 — Procure adaptar-se e fazer o que ela gosta. Por mais que você ache que ela é a mulher mais feliz do mundo, quando todos os domingos, sentada na fria arquibancada, grita o gol do seu time, pense que ela adoraria estar assistindo a uma peça de teatro com seu ator preferido e, quem sabe, esticar a noite num restaurante jantando à luz de velas. Enquanto você grita GOL, ela gostaria de estar assistindo a um show da Marisa Monte, pense nisso.

4 — Quando ela estiver fazendo o jantar, diga para deixar pra lá, e peça comida pronta, ou então saiam para jantar fora. Crie o hábito de que aos domingos o almoço é por sua conta, seja cozinhando ou indo a algum restaurante; ela faz isso por você a semana inteira, dedique um dia somente para ela descansar.

5 — Mande uma telemensagem, é barato e efetivo, no final diga: "com muito amor, seu marido!"; espere a reação dela (é possível escutar o que ela achou pelo telefone). Assim como os homens não são muito chegados a Telemensagem (tem aquela coisa machista de que é pra viado), as mulheres adoram. Entre um diamante e uma telemensagem, são capazes de ficar com... com... com o diamante mesmo.

6 — Bem cedo, deixe que ela atenda à campainha, mande uma linda cesta de café da manhã (se ela estiver gordinha, que seja *light*, apesar de não fazer a menor diferença.).

7 — Compre uma caixa em forma de coração e um cartão romântico. No cartão diga o quanto a quer, e que a caixinha (que ela abriu e não tinha nada dentro) está cheia dos seus beijos, abraços e carinhos, e que

quando estiver triste, é só abri-la e ficará feliz (cuidado, essa caixa vazia somente pode ser dada uma vez, depois tente encher outras caixinhas com presentes. Não se acostume a dar caixinhas vazias, somente cola uma vez.).

8 — Jóias, brincos, colares, pulseiras, anéis são presentes que demonstram, além de carinho, que você é muito romântico. Nada de utensílios domésticos ou qualquer coisa para a casa (batedeira, liquidificador, etc.), isso não é um presente pessoal, apesar de ela agradecer, terá vontade de botar sua cabeça no liquidificador (não pergunte qual cabeça).

9 — Ligue a qualquer momento e diga apenas: "te amo!", e desligue. Ela vai achar que você é maluco, mas vai adorar (tomara que saiba que foi você quem ligou).

10 — Viagem para uma pousada, fiquem num chalé com lareira à beira de um lago; à noite, andem de mãos dadas, admirando tudo o que de maravilhoso a natureza colocou ao seu redor, inclusive ela.

11 — Sugira, no domingo, ir comer na casa da sua sogra. Leve a sobremesa, uma garrafa de vinho e, se tiverem filhos, levem a criançada para os vovôs curtirem os pimpolhos.

12 — Compre um CD ou livro que ela queria há muito tempo.

13 — No sábado à noite, faça uma pipoca e alugue aquele filme que ela adora e já o asssistiu 10 vezes, mas que sempre a faz chorar.

14 — Cinema sempre é uma boa e romântica pedida, deixe-a escolher o filme. Sugira um drama bastante erótico, pois para algumas pessoas serve como estimulante sexual. Não pense que depois de assistir ao "Planeta dos Macacos" ela vai querer sair correndo para um motel.

15 — Se somente você está freqüentando uma academia de ginástica, que tal convidá-la e irem juntinhos?.

16 — Mande um e-mail romântico, tem muitos sites com lindos cartões amorosos.

17 — Chame uma empresa de moto-boy e mande entregar uma *lingerie* super-sexy, e no cartão diga: "À noite eu vou ter o prazer de tirar, me espere, te amo!"

18 — Uma das coisas mais românticas e incomuns que você pode presentear à sua esposa, é com uma estrela. Tem uma empresa que vende estrelas, com certificado de propriedade, um mapa das constelações para saber onde está localizada e, logicamente, será batizada com o nome da sua cara metade... Onde fica a empresa? Sei lá; só sei que meu irmão comprou uma para a namorada dele e estamos tirando sarro dele até hoje. No próximo natal acho que ele vai dar um pedaço de Marte ou Júpiter.

19 — Falando de sexo, as preliminares são fundamentais. Beije, mas beije mesmo, provavelmente como há muito tempo não o faz. O sexo oral é fundamental antes e depois da penetração (até durante a penetração você pode parar um minuto e fazer sexo oral nela, depois continua penetrando, e quando ela não agüentar mais, volte a fazer sexo oral, repita várias vezes, e ela adorará.).

20 — Prepare o clima para uma ótima noite de amor. Se na sua casa é impossível, vá para um motel de boa qualidade. Nada de fazer amor escutando à final do campeonato de futebol ou com a TV ligada em programas de auditório ou num sanguinolento jornal.

21 — Importante: Depois de chegar ao orgasmo (espero que ambos), não vire de lado e durma, ou saia correndo como um louco desesperado para tomar banho. Beije a sua boca, diga que a ama, que adora estar com ela naquele momento, e que é a pessoa mais importante da sua vida. Tomem banho juntos e façam amor embaixo do chuveiro ou na banheira. Fale das qualidades dela como mulher, na cama e fora da cama.

30 Sintomas e Atitudes da Mulher Infiel

1 — Qualquer tipo de mudança radical sem motivo aparente, seja no caráter ou no relacionamento afetivo sexual.

2 — Não querer ou evitar fazer amor (ao contrário do homem, que às vezes consegue fazer sexo com um pique fora do normal).

3 — Negar ou inventar novas posições com seu parceiro.

4 — Vaidade em demasia, roupas novas (principalmente lingerie muito *sexy*), penteados, fazer regime, freqüentar academia.

5 — Saídas às tardes; preste atenção neste detalhe. A maioria das mulheres trai seu marido na parte da tarde, quando ele está no trabalho; algumas vezes poderá ser de manhã; à noite, quase impossível. Lembra do filme "A Bela da Tarde?"; então... cuidado.

6 — Telefonemas na sua casa a qualquer hora do dia, e quando você atende, desligam; é provável que o "outro" esteja querendo falar com ela.

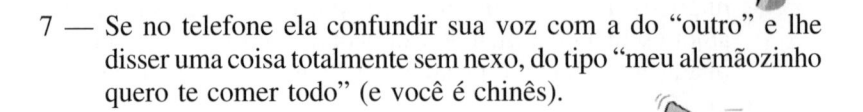

7 — Se no telefone ela confundir sua voz com a do "outro" e lhe disser uma coisa totalmente sem nexo, do tipo "meu alemãozinho quero te comer todo" (e você é chinês).

8 — Irritação, nervosismo ou preocupação constante, isto acontece principalmente quando ela brigou com o amante. Se você perguntar onde está a toalha e ela te der um tapa na cara, é amante na parada com certeza.

9 — Falar com semanas de antecedência que tal dia não vai estar em casa ou vai sair para fazer determinada coisa, quer dizer que poderá estar planejando seu encontro. Se ela comentar como quem não quer nada que no dia 4 de abril de 2005 vai comprar um sapato no *shopping*, é para suspeitar, e além do mais vai ser precavida assim lá longe.

10 — Várias ligações do seu telefone para um mesmo celular.

11 — Gastos excessivos ou freqüentes, muitas vezes ela está bancando o outro. Se for com o dinheiro dela, já é ruim, agora se for com o seu, é revoltante; nada de conta conjunta, corte a mesada, dê vales e a faça assinar.

12 — Se quando chegar em casa você a estiver esperando e ela ficar sem jeito, nervosa, e corre para tomar um banho, é bem provável que acabe de chegar do encontro com o "outro". Observe bem se ela está com a calcinha do avesso ou se veio de cueca.

13 — Encontrar camisinhas entre seus pertences, ou qualquer coisa que evidencie a visita a um motel (pente, sais de banho, etc.).

14 — Verifique nos extratos do cartão de crédito se há algum código estranho, o motel não vem identificado como tal.

15 — Álibis constantes de parentes ou amigas íntimas; quando você perguntar onde estava, ela sempre vai dizer: com tal pessoa. Sempre tem aquela amiga ou parente sacana que sabe de todos os podres e ainda a acoberta; cuidado! Essa pessoa não necessariamente vai detestar você, pode ser que até goste, mas o gostinho de olhar para você e saber que é um chifrudo, é delicioso.

16 — Este sintoma é batata: se ela estiver ao telefone e ao notar sua presença muda o tom da voz e começa a repetir o nome da pessoa que está do outro lado da linha, do tipo "claro Maria", com certeza Maria, tá bom Maria, um beijo Maria, cuidado que pode ser Mario.

17 — Fazer ligações do telefone sem fio de dentro do banheiro ou do quarto, aproveitando que você está na sala empolgadíssimo com um filme, é uma maneira de se aproveitar da sua ingenuidade, ou pior, da sua burrice.

18 — Nervosismo nos finais de semana, tristeza, desespero, frustração por não poder ir sozinha ao lugar que pretendia.

19 — Flagrar ela chorando sem explicação. Às vezes a mulher demonstra um sentimento de culpa, geralmente difícil de disfarçar.

20 — Aproveitar certos momentos para fazer acusações ou incriminá-lo de algo, procurar brigas por motivos banais. Por exemplo, se você na hora do almoço pedir o sal, e ela dizer: "Eu sabia que você estava me traindo seu safado, ordinário".

21 — Se não existirem grandes problemas econômicos ou de relacionamento e ela toca no assunto separação, ou apenas pede para dar um tempo.

22 — Ficar eufórica quando você tem de fazer aquela chata viagem de negócios (pular, gritar, soltar fogos, já é evidência pura).

23 — Não querer ir com você visitar os parentes, principalmente se sempre adorou acompanhá-lo.

24 — Se o banco do carona do carro estiver sempre puxado muito para trás (se o amante for grande sempre vai acontecer isso).

25 — Se ela começar a freqüentar um psicólogo, às vezes existem crises de consciência ou remorso (ou até o amante pode ser o psicólogo).

26 — Presentes de qualquer tipo, se forem baratos ela terá como explicá-los, até dizer que os comprou, se forem muito caros ou fora do padrão normal que ela adquiriria, é um grave sintoma. Se quiser aproveitar o embalo, diga que está precisando de um aparelho de DVD; quem sabe o sócio não banca um.

27 — Se na hora de fazer amor, ela o chamar por outro nome ou evitar falar o seu e dizer sempre: amor, carinho, anjo, etc.

28 — Se ela aparecer com marcas de chupões, arranhões, ou excessivamente perfumada em momentos incomuns, etc. (nesse etc. podemos colocar grávida quando você sabe que não é seu, pois fez uma vasectomia há mais de um ano.)

29 — Inventar atividades, freqüentar cursos que nada tem a ver com suas aptidões e, principalmente, querer ir sozinha a todos esses lugares.

30 — Tanto o homem quanto a mulher que estão traindo diminuem, ou quase eliminam, o beijo na boca do seu parceiro.

Como Transformar uma Suspeita em Realidade

1 — Contrate um detetive.

2 — Coloque um aparelho de BINA (identificador de chamadas) no seu telefone, sem que ela saiba, e verifique os números que você desconheça.

3 — Grampeie o telefone.

4 — Sempre que chegar em casa, aperte a tecla redial do seu telefone (último número discado).

5 — Chegue em casa de surpresa.

6 — Dê uma geral nos pertences dela (guarda-roupa, agenda, bolsa, etc.).

7 — Verifique no celular (se tiver identificador de chamadas) quais são os números de telefones que mais aparecem repetidos.

8 — Forje uma viagem e fique na espreita.

9 — Amarre ela na sua casa e não a deixe sair mais.

10 — Assistiu ao filme "Encaixotando Helena"? Não? Então assista; taí uma maneira de ela ficar só com você.

Frases
de Cabeceira

Capítulo 9

Frases de Cabeceira

Matrimônio — homens — mulheres — amor — amantes — vida e felicidade

Estes pensamentos são para meditar, pensar, refletir e, porque não… sorrir.

Como escolher sua frase do dia

Concentre-se e mentalize um número de 1 a 176.

Após a escolha do número subtraia do mesmo, o último dígito da data do seu nascimento. Exemplo, se pensou na frase 134, e nasceu em 1976, o número da sua frase do dia será 134 - 6 = 128.

1 — "A mulher precisa de um motivo para trair; o homem precisa apenas de uma mulher."
(Marcelo Puglia)

2 — "Mais de dois é multidão."
(Provérbio Inglês)

3 — "O adultério é a curiosidade pelos prazeres do próximo."
(Plutarco)

4 — "O ruim de uma mulher com o coração destroçado é que começa a repartir pedaços."
(Provérbio espanhol anônimo)

5 — "As mulheres negam veementemente o que já quiseram ter dado."
(Ovidio)

6 — "A mulher menos indiscreta nunca esconderá que tem um amante, esconderá, sim, que tem um marido."
(Henry Asselin)

7 — "Para muitas mulheres amar um homem significa enganar a outro."
(Ettiene Rey)

8 — "A virtude mais importante numa mulher não é a castidade, é a discrição."
(George Sand — amante de Chopin)

9 — "Se a mulher não pode fazer encantadoras suas faltas, não é mais que uma fêmea."
(Oscar Wilde)

10 — "Não há verdadeiro amor onde não há nenhuma suspeita. O amor é fé e não ciência."
(Quevedo)

11 — "Quando chegar em casa, bate na sua mulher todas as noites; se você não souber porque está batendo, ela com certeza saberá."
(Provérbio Árabe)

12 — "Excusatio non petita, acusatio manifesta (Um perdão não pedido delata um pecado)."
(Provérbio Latino)

13 — "A melhor prova que um homem pode dar do seu amor é mantê-lo escondido."
(Ettiene Rey)

14 — "Um homem que predica moral é geralmente um hipócrita, e uma mulher que predica moral é, inevitavelmente, feia."
(Oscar Wilde)

15 — "Não é ruim ser linda, o que é ruim é a obrigação de sê-lo."
(Susan Sontag)

16 — "Nenhuma mulher se há perdido sem a ajuda de um homem."
(Abraham Lincoln)

17 — "Quando se é feliz, é quando há que sentir medo; nada ameaça tanto como a felicidade."
(M. Maeterlinck)

18 — "É muito difícil não ser injusto com quem a gente ama."
(Oscar Wilde)

19 — "Não há que se entregar nunca. Como dizia uma amiga, há que ser vaidosa; de moça para conservar o namorado, de grande para conservar o marido e de velha para não dar nojo."
(Iris Marga)

20 — "A única coisa séria é a paixão, não a inteligência."
(Oscar Wilde)

21 — "Não se pode dormir na mesma cama sem ter os mesmos sonhos."
(Provérbio Chinês)

22 — "Felicidade não é fazer o que a gente quer, senão querer o que a gente faz."
(Jean-Paul Sartre)

23 — "Quem pede a mão de uma mulher o que realmente deseja é o resto do corpo."
(Jardiel Poncela)

24 — "O único amor conseqüente, fiel, compreensivo, que tudo perdoa, que nunca nos decepciona, e nos acompanha até a morte, é o amor-próprio."
(Oscar Wilde)

25 — "Há maridos tão injustos que exigem de suas mulheres uma felicidade que eles violam; se parecem àqueles generais do exército que fogem covardemente do inimigo, embora queiram que seus soldados defendam o posto com valor."
(Plutarco)

26 — "O matrimônio não é somente uma coisa por fazer, senão também por refazer, sem parar. Em nenhum momento um casal pode abandonar-se a uma preguiçosa tranqüilidade dizendo-se: 'A partida está ganha: descansemos'. A partida jamais estará ganha. As voltas da vida são tais que toda eventualidade se faz possível."
(Andre Maurois)

27 — "Não há amor sem sexo."
(D. H. Lawrence)

28 — "As mulheres são como cobras: há que arrancar-lhes a cabeça para obter seu corpo."
(Marquês de Sade)

29 — "Toda amante corre o risco de ser a tábua de salvação de casamentos em crise."
(Marcelo Puglia)

30 — "Tudo é perigoso. Mas se não fosse assim, não valeria a pena viver."
(Oscar Wilde)

31 — "Uma mulher que é amada sempre tem êxito."
(Vicki Baum)

32 — "O matrimônio é um barco que leva duas pessoas por um mar tormentoso; se qualquer um dos dois faz um movimento brusco, o barco se afunda."
(L. Tolstoi)

33 — "Quando começamos a viver, então morremos."
(Teofrasto)

34 — "Todas as mulheres que têm uma beleza surpreendente, surpreendem menos no segundo dia."
(Stendhal)

35 — "Uma aventura é, por natureza, algo que nos acontece, que nos escolhe, não algo que escolhemos."
(Chesterton)

36 — "Não te cases por dinheiro. Um empréstimo custaria menos."
(B. Shaw)

37 — "Não há mulheres feias. Apenas preguiçosas."
(Helena Rubinstein)

38 — "Liberdade significa responsabilidade, por isso os homens têm tanto medo."
(Bernard Shaw)

39 — "Meus lábios juraram, mas não meu coração."
(Eurípedes)

40 — "Para alguns homens trair é uma virtude; para a mulher, o meio mais curto, fácil e prazeroso de encontrar um homem que a faça mais feliz que o seu marido."
(Marcelo Puglia)

41 — "A honra de um homem consiste em não tocar os bens alheios; na mulher, em não deixar tocar os bens próprios."
(Renato Taddei)

42 — "Não é correto dizer que o homem casado viva mais que o solteiro; simplesmente o tempo lhe parece mais longo."
(Anônimo)

43 — "Um rato nunca confia sua vida a uma única toca."
(Plauto)

44 — "Um homem que não tem segredos para sua mulher, ou não tem segredos, ou não tem mulher."
(Gilbert Wells)

45 — "A mulher adora o homem, como adora Deus: pedindo todos os dias alguma coisa."
(Jardiel Poncela)

46 — "A grande virtude da mulher em relação ao homem é que ninguém sabe que está sendo infiel, nem sua melhor amiga; os homens, se pudessem, o publicariam em todos os jornais."
(Marcelo Puglia)

47 — "Enquanto o amor nos envelhece, o prazer nos rejuvenesce."
(Oscar Wilde)

48 — "Os pecadores são sórdidos; os pecados, esplêndidos."
(Oscar Wilde)

49 — "As lágrimas das esposas são inúteis, a não ser que o marido esteja presente para vê-las derramar."
(Hilda Owsley)

50 — "O mais medíocre dos homens se acha um semideus frente a uma mulher."
(S. de Beauvoir)

51 — "Uma comédia que acaba em matrimônio é uma tragédia que começa."
(Sacha Guitry)

52 — "O único pecado que a paixão pode cometer é não ter alegria."
(Dorotthy Sayers)

53 — "Quando uma mulher disse ser frígida, geralmente não sabe do que está falando."
(Lazlo Havas)

54 — "Também me fascinam as mulheres falsas que mentem e acham que sou um tonto."
(Henry Miller)

55 — "O consolo está em divertir-se e não em arrepender-se."
(Oscar Wilde)

56 — "Todo homem teve uma namorada anterior a sua esposa, que ela com certeza odeia."
(Marcelo Puglia)

57 — "Ama-se por casualidade, por brincadeira, por curiosidade. E ao final simplesmente porque se começou."
(Paul Verlaine)

58 — "Um dos grandes motivos pelos que tantos maridos e esposas permitem que naufrague sua vida em comum é porque o homem sempre está procurando a felicidade, enquanto a mulher está na perpétua procura de problemas."
(Dorothy Dix)

59 — "Amavam-se e nada tinham a se dizer. As palavras dizem sempre o que não é, o que é falso; a gente se esconde por detrás delas, elas não fazem mais que ocultar a realidade."
(Vicki Baum)

60 — "Perdoar sinceramente e de boa fé, perdoar sem reservas: está aqui a prova mais dura a que pode ser submetido o amor."
(Bourdalone)

61 — "O amor, como cego que é, impede os amantes de verem as divertidas bobagens que cometem."
(Shakespeare)

62 — "O amor é a mais forte de todas as paixões, porque ataca ao mesmo tempo a cabeça, o coração e o corpo."
(Voltaire)

63 — "As mulheres brincam com sua beleza, como as crianças com uma faca, e se ferem."
(Victor Hugo)

64 — "Quando se ama basta pensar numa perfeição para vê-la na pessoa amada."
(Stendhal)

65 — "O pecado é o único elemento de alguma cor no mundo moderno."
(Oscar Wilde)

66 — "No casamento a mulher pega o nome do marido, como um vencedor o nome da sua batalha ganha."
(M.G. Shapir)

67 — "O amor é o egoísmo de duas pessoas."
(Boufflers)

68 — "Nunca termine um relacionamento depois de ter feito amor."
(Marcelo Puglia)

69 — "O coração tem razões, que a razão ignora."
(Seneca)

70 — "A liberdade não consiste em se fazer o que quer, e sim em fazer o que se deve."
(Campoamor)

71 — "Freqüentemente as lágrimas são o último sorriso do amor."
(Stendhal)

72 — "Amar é encontrar na felicidade do outro a própria felicidade."
(Leibniz)

73 — "Para mim os ciúmes são uns dos extraordinários tormentos do amor."
(Jeanne Moreau)

74 — "A beleza é uma carta de recomendação a curto prazo."
(Ninon de Lenclos)

75 — "O amor nasce, vive e morre nos olhos."
(Shakespeare)

76 — "Nenhuma mulher pode explicar satisfatoriamente por que se casou com seu marido."
(Anônimo)

77 — "Toda mentira é repudiável menos três: a do estratega, pois é um plano de defesa e engano para derrotar ao inimigo; a de um homem que intervém para fazer a paz; e também a do marido que quer conformar a sua mulher."
(Mahoma)

78 — "Os que são fiéis conhecem apenas o lado trivial do amor."
(Oscar Wilde)

79 — "O amor não significa aceitar tudo. Ainda mais: ali onde se aceita tudo, suspeita-se da escassez de amor."
(Maiacovski)

80 — "O homem perfeito é aquele a quem você ama, e a quem lhe devolve esse amor."
(Mildred Newmann)

81 — "Muito cuidado com o homem que não devolve um tapa na cara."
(B. Shaw)

82 — "Em todo matrimônio celebrado há mais de duas semanas, existem motivos para o divórcio. O truque está em procurar e continuar procurando motivos para o matrimônio."
(Robert Anderson)

83 — "O amor é um jogo; o casamento, um negócio."
(Alberto Moravia)

84 — "Nossos pensamentos mais importantes são os que contradizem aos nossos sentimentos."
(Paul Valéry)

85 — "A jovem se arruma para agradar e a velha para não espantar."
(Ditado Castelhano)

86 — "Ela procurava uma utopia: um marido que fosse um homem e um amante. Ficou solteira."
(El Viejo Bribon)

87 — "O que faz com que a maioria das mulheres seja tão pouco sensível à amizade é que a acham insípida, uma vez que experimentaram o gosto do amor."
(La Rochefoucauld)

88 — "Que nada, a noite não é pecaminosa! Os grandes golpes se fazem a plena luz do dia."
(Edmundo Rivero)

89 — "Esta sociedade nos dá facilidade para fazer o amor, mas não para apaixonar-nos."
(Antonio Gala)

90 — "Seu segundo marido fez ressaltar as virtudes do primeiro."
(El Viejo Bribon)

91 — "A mulher chora antes do casamento; o homem, depois."
(Provérbio Polaco)

92 — "Às vezes pensei em me casar... e depois, pensei outra vez."
(Noel Coward)

93 — "Muitas vezes o ciúme mantém ativo o amor, se evitarmos as exagerações que o matam."
(El Viejo Bribon)

94 — "Um homem e uma mulher verdadeiramente apaixonados: é o único espetáculo deste mundo digno de oferecer aos deuses."
(Goethe)

95 — "Somente dois tipos de mulheres dizem que conquistam ao homem com a beleza da alma: as velhas e as feias."
(Doris Band)

96 — "Se você quer conservar uma paixão, não procure os motivos."
(Alain)

97 — "Quando chega a felicidade aumenta a inteligência."
(Provérbio Chinês)

98 — "É mais fácil deter um trem do que deter uma mulher quando ambos estão decididos a descarrilar."
(Jardiel Poncela)

99 — "A ti mesmo sê fiel... assim com ninguém poderás ser falso."
(Shakespeare)

100 — "Todo começo tem encanto."
(Goethe)

101 — "O amor cria na mulher uma mulher nova, a de ontem já não existe hoje."
(H. de Balzac)

102 — "Duplica uma falta quem a justifica."
(Provérbio Francês)

103 — "As mulheres são bastante hipócritas para que todos os filhos possam dizer, com convicção, que sua mãe era uma santa."
(Rémy de Gourmont)

104 — "São os homens os que se divertem fazendo correr o boato de que todos são cornudos."
(Anne-Marie Carriee)

105 — "Finalmente nos deixamos enganar por aqueles que amamos."
(Molière)

106 — "A mulher que apela para a vaidade do homem pode estimulá-lo; a mulher que apela a seu coração pode atrai-lo; mas a mulher que apela a sua imaginação é aquela que o conquista."
(Helan Rowland)

107 — "A mulher que ama seu marido corrige seus defeitos; o marido que ama sua esposa aumenta seus caprichos."
(Wodehouse)

108 — "Você saberá realmente se o caso com sua amante será longo ou curto, na cama."
(Marcelo Puglia)

109 — "O prazer sexual da mulher está na sua cabeça; tamanho infelizmente ou felizmente não faz a menor diferença."
(Marcelo Puglia)

110 — "O amor deveria perdoar todos os pecados, menos os pecados contra o amor mesmo. E perdoar todas as vidas, menos as vidas sem amor."
(Oscar Wilde)

111 — "Os homens jovens querem ser fiéis e não o são; os velhos querem ser infiéis e não podem."
(Oscar Wilde)

112 — "Muitos homens ficam solteiros não porque desconfiem das mulheres, senão porque não confiam em si mesmos."
(Jacques Robert)

113 — "Odiar é um desperdício do coração, e o coração é nosso maior tesouro."
(Noel Claraso)

114 — "A única maneira de entender uma mulher é querê-la...e então, não é necessário entendê-la."
(Sydney Harris)

115 — "Todas as mulheres deveriam se casar, os homens não."
(Disraeli)

116 — "As mulheres modernas entendem tudo, menos seus maridos."
(Stephen Leacock)

117 — "Um amante que pensa não é amante."
(Norman Douglas)

118 — "Uma mulher é como a sombra. Se a gente a segue, escapa. Se a gente se escapa dela, te segue."
(Nicholas Chamfort)

119 — "Quanto maior a mentira, maior a chance de todos acreditarem nela."
(Adolf Hitler)

120 — "As donzelas não querem nada senão maridos, e, quando os têm, querem tudo."
(Shakespeare)

121 — "A melancolia é a felicidade de estar triste."
(Victor Hugo)

122— "A obscenidade provém da castidade."
(Oscar Wilde)

123 — "Faça o amor, não faça mais gente."
(Ellen Peck)

124 — "Os homens continuam tendo duas idéias da mulher: uma é mãe dos seus filhos, que não tem por que atrair sexualmente; e outra é a mulher atrativa sexualmente, com a que não necessariamente há que se casar."
(Shere Hite)

125 — "O amor tudo transforma; até o covarde pode transformar-se em valente, inclusive herói."
(Platon)

126 — "Quando uma moça casa, troca a atenção de muitos homens pela desatenção de um só."
(Helen Rowland)

127 — "Dão-me medo os homens muito inteligentes que se convertem em máquinas de pensar; assim como as máquinas, não têm coração."
(Stuart Mill)

128 — "Pode-se resistir a tudo, menos à tentação."
(Oscar Wilde)

129 — "Coisa curiosa! O primeiro sintoma do verdadeiro amor num rapaz é a timidez; numa moça, é a audácia."
(Victor Hugo)

130 — "Quando se ama, é o coração quem julga."
(Joubert)

131 — "O amor é o princípio de tudo, a razão de tudo, o fim de tudo."
(Lacordaire)

132 — "Somente um homem sem experiência pode fazer uma declaração formal. Uma mulher se persuade de que é amada mais pelo que adivinha que pelo que se lhe disse."
(Ninon de Lenclos)

133 — "A duração de nossas paixões depende tanto de nós como da vida."
(La Rochefoucauld)

134 — "Amor sem desejo é pior que comer sem fome."
(Octavio Picon)

135 — "Há muitos remédios que curam o amor, mas nenhum é infalível."
(La Rochefoucauld)

136 — "O coração é um abismo sem fundo."
(Filon)

137 — "A vaidade se encontra com variedade infinita não somente entre todas as mulheres, senão em todas as fêmeas."
(Bottach)

138 — "É melhor ter amado e perdido, do que não ter perdido jamais."
(Nicholas Murray Butler)

139 — "Sabe o que significa voltar para casa à noite e encontrar uma mulher que lhe dá amor, afeto e ternura? Significa que você entrou na casa errada, só isso."
(Herny Young)

140 — "Meia verdade é uma mentira inteira."
(Provérbio iídiche)

141 — "Somente há duas coisas que um homem não pode esconder: que está bêbado e que está apaixonado."
(Antifanes)

142 — "Muito mais difícil do que ser uma esposa é ser uma amante."
(Marcelo Puglia)

143 — "Nunca confie numa mulher que diz a verdadeira idade. Se ela diz isso, é capaz de dizer qualquer coisa."
(Oscar Wilde)

144 — "A diferença entre um relacionamento amoroso e prisão é que na prisão eles deixam você jogar futebol durante os finais de semana."
(Bobby Kelton)

145 — "O primeiro encontro sexual com sua amante é muito importante, mas lembre-se: o encontro sexual mais importante com ela sempre é o último."
(Marcelo Puglia)

146 — "As mentiras do coração começam desde o rosto."
(Quevedo)

147 — "Uma mulher é feliz quando pode aparentar 10 anos menos que sua filha."
(Oscar Wilde)

148 — "O antes e o depois são tão importantes quanto o durante."
(Marcelo Puglia)

149 — "O problema não é que nunca sejamos felizes, é que a felicidade seja tão episódica."
(Ruth Benedit)

150 — "Pior que estar apaixonado é não está-lo."
(Paul Hurgan)

151 — "Culpado não é quem arde na fogueira. Culpado é quem a acende."
(Shakespeare)

152 — "Nada se enxágua mais rápido que uma lágrima."
(Ciceron)

153 — "Não sei nada sobre sexo. Sempre fui casada."
(Greta Garbo, atriz)

154 — "A maior força de tesão que existe é a auto-estima. O carente é um corta-tesão."
(Marco Antonio Figueiredo, psicanalista)

155 — "Porque eu não me como!"
(Bussunda, humorista, explicando por que os homens são exigentes com o corpo das mulheres e tão descuidados com o deles)

156 — "As mulheres se dão para Deus quando o diabo já não quer nada com elas."
(Sophie Arnould, cantora francesa)

157 — "Para se dar bem com as mulheres, diga que é impotente. Elas ficarão loucas para desmenti-lo."
(Cary Grant, ator)

158 — "Não existem mulheres frígidas; apenas mal esquentadas."
(Lúcio Amorim, saxofonista)

159 — "É raro ver um compulsivo sexual apaixonado. É como se fosse uma busca que nunca se encerra."
(Moacyr Costa, psicoterapeuta, sobre compulsão sexual)

160— "Mulher de amigo meu, pra mim, é ótimo."
(Falcão, cantor e compositor)

161 — "Orgasmo é como ônibus: se a gente perde um, dá um tempo que logo vem outro."
(Márcia Zennega, bancária)

162 — "Ela passou anos de sua vida pensando que frigidez sexual era alguma coisa provocada pelo ar condicionado do motel."
(Jô Soares, humorista)

163 — "A castidade é a mais antinatural de todas as perversões sexuais."
(Aldous Huxley, escritor)

164 — "Ninguém jamais vencerá a guerra dos sexos: há muita confraternização entre os inimigos."
(Epígrafe do livro "A Vingança de Eva", de Henry Kissinger)

165 — "Amor platônico significa gostar de alguém do pescoço para cima."
(T. Winslow, escritor)

166 — "No corpo feminino, esse retiro a doce bunda é ainda o que prefiro. A ela, meu mais íntimo suspiro, pois tanto mais a apalpo quanto admiro."
(Carlos Drummond de Andrade, poeta)

167 — "O brasileiro é sueco com a mulher dos outros e mineiro com a própria mulher."
(Ronaldo Boscoli, compositor)

168 — "Clítoris ou clitóris? Lá no Norte mulher não tem essas coisas não. E, se tiver, entra na vara!"
(Raquel de Queiroz, escritora)

169 — "Eu sabia, mas não estava em posição de fazer nada. O instinto de uma mulher é sempre muito bom. Éramos 3 no casamento, o que é um pouco demais."
(Lady Di sobre Camilla Parker Bowles)

170 — "É mais fácil ser amante do que cônjuge, pois é mais fácil dizer coisas bonitas de vez em quando do que ser espirituoso dias e anos a fio."
(Honoré de Balzac)

171 — "É possível sobreviver sem cometer nenhum ato de traição?"
(Jean Renoir)

172 — "Maridos são bons amantes principalmente quando estão traindo as esposas."
(Marilyn Monroe)

173 — "Não acho que exista nenhum homem fiel à esposa."
(Jacqueline Kennedy Onassis)

174 — "Como se exagera o valor da fidelidade! Até no amor trata-se de uma questão fisiológica. Nada tem a ver com a nossa vontade."
(Oscar Wilde)

175 — "Casar-se é como comprar uma coisa que se passou anos admirando na vitrine. Você pode adorar a compra e só então descobrir que ela não combina com o resto da casa."
(Jean Kerr)

176 — "Não se preocupe com o que você diz aos homens. São tão vaidosos que nunca acreditam que você está falando a sério quando diz aquelas coisas horríveis a um deles."
(Agatha Christie)

Leitura Recomendada

Tudo o que você queria saber sobre uma AMANTE e tinha medo de perguntar
Marcelo Puglia

Aqui você encontrará dicas sobre despiste de detetives; desculpas comuns (ou originais) para batom no colarinho, arranhões pelo corpo, chupões no pescoço, serões no serviço; telefonemas de mulheres nos almoços familiares; as amantes mais quentes e as mais perigosas de se relacionar; perfis de amantes por signos astrológicos; o que fazer se sua esposa decobrir (e o que não se deve fazer); que atitudes tomar quando sua amante transforma-se em sua companheira enquanto sua ex-esposa assume o papel da amante e muito mais!

www.madras.com.br

MADRAS® Editora

CADASTRO/MALA DIRETA

Envie este cadastro preenchido e passará a receber informações dos nossos lançamentos, nas áreas que determinar.

Nome _____
RG _____ CPF _____
Endereço Residencial _____
Bairro_____Cidade_____ Estado ____
CEP _____ Fone _____
E-mail_____
Sexo ❏ Fem. ❏ Masc. Nascimento _____
Profissão _____ Escolaridade (Nível/Curso) _____
Você compra livros:
❏ livrarias   ❏ feiras   ❏ telefone   ❏ Sedex livro (reembolso postal mais rápido)
❏ outros:_____
Quais os tipos de literatura que você lê:
❏ Jurídicos   ❏ Pedagogia   ❏ Business   ❏ Romances/espíritas
❏ Esoterismo ❏ Psicologia   ❏ Saúde   ❏ Espíritas/doutrinas
❏ Bruxaria   ❏ Auto-ajuda ❏ Maçonaria ❏ Outros:
Qual a sua opinião a respeito dessa obra? _____
_____

Indique amigos que gostariam de receber MALA DIRETA:
Nome _____
Endereço Residencial _____
Bairro_____Cidade_____ CEP _____

Nome do livro adquirido:
MULHERES QUE SE APAIXONAM POR HOMENS COMPROMETIDOS

Para receber catálogos, lista de preços e outras informações, escreva para:

MADRAS EDITORA LTDA.
Rua Paulo Gonçalves, 88 – Santana
CEP: 02403-020 – São Paulo/SP
Caixa Postal: 12299 – CEP: 02013-970 – SP
Tel.: (11) 6281-5555/6959-1127 – Fax: (11) 6959-3090
www.madras.com.br

Este livro foi composto em Times New Roman, corpo 11/12.
Papel Offset 75g – Bahia Sul
Impressão e Acabamento
Prol Editora Gráfica – Av. Papaiz, 581 – Jd. das Nações – Diadema/SP
CEP: 09931-610 – Tel.: (11) 4091-6199 – e-mail: prol@prolgrafica.com.br